保育者論 教育者論

子どもととともに
未来をデザインする

田中卓也・松村 齋・小島千恵子 編

わかば社

はじめに

――みなさんは、どんな保育者、教育者になりたいですか？――

　本書『子どもとともに未来をデザインする 保育者論・教育者論』は、まさにこれから保育者・教育者になりたい、目指しているという学生のみなさんのための "基礎テキスト" になります。今、このテキストを大学や短期大学、専門学校の講義で、また書店などにおいて手に取ってくださっているみなさんがいると思います。みなさんが手に取ることになったのは、「どんなテキストなんだろう？」とか「何が書いてあるんだろう？」など、さまざまな疑問や不安などをもっている方が多いのではないでしょうか？　でも、どうでしょうか？「このような内容であったら、保育者になりたい！」とか「教育者って本当にいろいろな仕事があるんだな？」と思われた方がきっといるでしょう。

　みなさんが手に取ったように、「だれもが気軽に手に取って読むことができる」そんなテキストづくりにこだわり続けて、このたび無事に発刊することになりました。

　こだわったことには理由があります。まず、みなさんがなりたい、目指したいと思っている保育者や教育者（以下、保育者）は、子どもたちに大きな影響を与える存在だからです。保育所や幼稚園、幼保連携型認定こども園、小規模保育所、企業内託児所など、保育者はさまざまな保育現場で勤務することになります。入園式などで、子どもたちは保護者とともに、保育者となったみなさんの前に登場したとき、「人生ではじめての "先生"」に出会っているのです。「人生ではじめての先生」と、日々の保育実践を通して、子どもたちは成長・発達を遂げていきます。一日一日、子どもたちの成長は早く、あっという間に大きくなります。保育者はその成長・発達をそばにいて支援していくのです。子どもは泣いたり、笑ったり、怒ったり、楽しんだり、保育者とともに生活をしていく中で、ちょっと大人に見える、"小学生のお兄さん、お姉さん" になっていくのです。「人生はじめての先生」との出会いが、子どもたちにはかけがえのない出会いであり、そして次の小学校に進学するための別れもあるのです。子どもたちがしっかり成長していくためにも、保育者は重要なポジションであり、大切な役割を任されることになります。ということを考えれば、保育者は子どもたちにどうかかわり、どのような人間関係を築かせ、自身もどんな教養を身につけ、さらに

どう生きていくべきか、しっかり学ばなければなりません。

　こう考えてみると、保育者は、子どもたちの"輝かしい未来"を"あらゆる色で染め上げる"、いってみれば"デザインする"立場であることがわかります。「子どもとともに未来をデザインする」―なんて、保育者ってステキな職業なんでしょうか？みなさんもそう思いませんか？

　保育者はステキな職業であります。しかしステキな職業だからこそ、しっかり今から学んでおかなければいけないこともたくさんあるのです。

　「保育者の役割や仕事にはどんなものがあるのか？」にはじまり、「保育者になるための資格や免許はどのようなものか？」「保育者はどのように誕生したのか？」「保育者に必要な資質や専門性にはどのようなものがあるのか？」「子どもの成長・発達とは？」「子どもたちが身につけるべき体力・表現力とは？」「保育者がさらに大きく成長するために受ける研修とはどのようなものか？」「障害のない子ども、障害をもった子どもなど、さまざまな子どもたちへの指導や配慮はどうすべきか？」「将来求められる保育者像はどのようなものか？」さらに「どのような保育者になりたいと考えるのか？」に至るまで、子どもとともに未来をデザインするために必要な内容をギュッとまとめたものが、本書の内容構成になっています。

　もちろん、順番に読み進めていく必要はありません。みなさんが学びたい、関心や興味があるところから、見ていくとよいでしょう。講義で使用するから読むことは、もちろん大事です。しかし自分が読みたいときに読むことも、大事ですよ。眺めることだって全く問題はありません。みなさんが保育者になってからも十分使用できるテキストです。いつでもこのテキストが見ることができるように、大切に身近なところに置いておきましょう。

　長くなりましたが、本書は子どもとともに未来をデザインするみなさんのために、一生懸命に内容や文章を考えた総勢26人の執筆者の思いも込められています。みなさんが保育者になることを、未来の子どもたちはずっと待っていますよ。

　さあ、まずは素晴らしい先生になるために、最初の1ページを開きましょう。

　なお最後になりましたが、本書の刊行にあたり、多くの執筆者の意見や思い、疑問、不安などにも一生懸命対応してくださりました、わかば社のみなさんに衷心より御礼申し上げます。

　　2020年10月

　　　　　　　　　　　　　　　　　　　　編者を代表して　田中卓也

目 次

本書について

○ 本書では "保育所保育指針" は「保育指針」、"幼稚園教育要領" は「教育要領」、"幼保連携型認定こども園教育・保育要領" は「教育・保育要領」と略し表記しています。

○ 本書では "保育・教育（幼児教育）" を総称して「保育」、"保育者・教育者" を総称して「保育者」、"保育所、幼稚園、認定こども園" を総称して「園」、"保育・教育施設" を総称して「保育施設」という用語で解説しています。

○ 引用・参考文献は巻末に一括掲載しています。

主体的な学習に向けた ポートフォリオ
─学びの前に成長過程を振り返ってみよう─

　保育者への学びに入る前に、自分自身のことを振り返ってみましょう。

　ポートフォリオ（portfolio）とは、日本語に訳すと「折りかばん」「書類入れ」「紙ばさみ式の画集」を意味します。デザイナー、イラストレーター、カメラマンなどいわゆるクリエイターと呼ばれる人が実績をアピールするための業績集として活用し、これまで自分が制作したものや考えたことなどを一つにまとめたものを指します。ポートフォリオは保育・教育分野においても使われており、さまざまな活動の様子がわかる写真や動画などをファイルに入れて保存し、成果を評価するものとして活用します。一人ひとりの成長のプロセスを見ることができ、数値では測れない評価を可能にするツールです。

① 自分の成長過程を振り返る

　幼少期からの経験と、保育者への関心について思い出しましょう。自身の成長を見つめて「過去」の自分を知り「現在」の自分を知り、そして「未来」に向けて成長していく自分を描いてみましょう。これまでどのように生活してきたのか、自分自身の就学の節目に沿って「思い出に残る出来事」を軸としたものと、「保育者への関心」の軸に分けて振り返りまとめてみましょう。

	思い出に残る出来事	保育者への関心
小学生のころ		
中学生のころ		
高校生のころ		
進路を決めたきっかけ		
現　在		

② モチベーションを高める

保育者を目指すにあたり、モチベーションを高めるためにも自分の考えをまとめてみましょう。

・自分が選んだ保育者の仕事について、どのようなイメージをもっていますか？

（記入欄）

・自分の性格や資質で「保育者に向いている」と思う点をあげてみましょう。

（記入欄）

③ 自分の未来を描く　―自身が目指す保育者とは―

「こうなりたい」という夢や希望をもつことは、自分の未来を描くことです。未来の自分をイメージし、どのような保育者になりたいか目標を書きましょう。

（記入欄）

保育者になるための学びの過程では、さまざまなことがあります。途中で迷ったとき、投げ出しそうになったとき、このページに戻り、自分を見つめ直してみましょう。

1章　保育者・教育者とは

§1　なぜ保育者を目指すのか

　みなさんの中には、「保育者になりたい」というあこがれをもって、保育士や幼稚園教諭の養成課程に入学してきた人が多くいることと思います。では、なぜみなさんは保育士や幼稚園教諭、保育教諭になりたいと思ったのでしょうか。たとえば「子どもが好きだから」「あこがれの保育士さんや幼稚園の先生がいるから」「家族に保育士や幼稚園の先生がいて目指すようになった」というような人もいるでしょう。保育士や幼稚園教諭は、小学生から高校生までの女子のなりたい職業ランキングにおいて高い人気があります。また、近年では保育者を目指す男子も増えてきています。中学校や高校でのキャリア教育の一環に職場体験がありますが、そのときにも保育所や幼稚園、認定こども園は、男女を問わず多くの生徒が希望し参加します。

　しかし、あこがれだけでは、保育士や幼稚園教諭になることはできません。なぜなら、あこがれと現実には違いがあるからです。そのため「なりたい」というあこがれを、養成課程での学びによって、保育者に「なる」という「志望」に変えていくことになります。資格等の取得までには、現場に即した専門的な事柄をたくさん学びますが、その中で、あこがれと現実のギャップを埋め、高い専門性をもった自分なりの理想の保育者を目指してほしいと思います。だからこそ、この保育者論・教育者論の学びが必要になるのです。

　学習前のポートフォリオ（本書p.8〜9参照）を記入してみましょう。あなたはどうして「保育者」を目指したのでしょうか。今あなたが思い描いている理由を、本書を学び終えたときにもう一度見返してください。きっと、あこがれが深く具体的な志望理由に変化していることに気づくのではないかと思います。

§2　保育とは

1　保育現場での「保育」とは

「保育」とは何でしょうか。保育所保育指針（以下、保育指針）には「養護及び教育を一体的に行うこと」と明示されており、保育とは「養護と教育」ということができます。一方、子どもたちの保護者は、子どもの養育・育児を行っており、それにはもちろん「養護と教育」の側面も含まれます。しかし、この家庭における養育・育児は、保育や幼児教育の枠組みでとらえられることもありますが、一般的には保育者が保育現場で行う「保育」とは別のものとしてとらえられています。それは、保育者は保育の専門家であり、保護者は保育の専門家ではないからです。保育者は一人ひとりの子どもに寄り添い、子どもの自発的な遊びなどの活動の中で、健やかな育ちを支えるという専門職です。さらに保育者は、子どもの育ちを支えるのみならず、保護者や地域の子育て支援も担わなければなりません。ですから、いくら育児経験が豊富だとしても、これらの専門的な知識や技術をしっかりと身につけ、保育士や幼稚園教諭としての資格や免許状をもたなければ、保育現場で働くことはできないのです。

2　「保育」と「幼児教育」

「保育者」と「教育者」は何が違うのでしょうか。中には、保育士が保育者で、幼稚園教諭が教育者だと答える人がいるかもしれません。その説明は大きく間違ってはいませんが、でも本当にそうでしょうか。保育が「養護と教育」であるならば、保育者は教育者としての面ももっていることになり、幼稚園で働いても問題ないことになってしまいます。しかし、保育士資格だけでは幼稚園教諭として勤めることはできませんし、逆もまた同じです。認定こども園に保育教諭（本書 p.20 参照）として就職しようとすると、保育士資格（本書 p.16 参照）と幼稚園教諭免許状（本書 p.18 参照）の両方が必要です。

その一方で、保育士だけでなく、幼稚園教諭や保育教諭も、一般的には「保育者」と呼ばれています。そして、保育所や幼稚園、認定こども園で行われている内容について、区別せず「保育」と呼んだり「幼児教育」と呼んだりします。みなさんの中には、「保育」というと遊びや生活面の援助が中心で、「幼児教育」というと一斉に何か教えてもらうような内容のことだと思っている人もいるかもしれません。しかし、保育所でも遊びの中で教育的な内容を扱っていますし、幼稚園でも基本的には遊びや生活面の援助が中心です。

では「保育」と「幼児教育」は何が違うのでしょうか。次に詳しく見ていきましょう。

（1）「保育」とは

全国保育士会では、「保育」を次のように解説しています。

> 保育における「**養護**」とは、子どもが心身ともに心地よいと感じる環境を整え、子ども自身が主体的に育つことをたすける営みです。「**教育**」は、知識を伝える・教えることだけでなく、「感じる・探る・気づく」といった子どもの興味・関心を引き出すことであるといえます。
>
> 子どもは、周囲に働きかけ、さまざまな経験を通して学習する自発的な存在です。"**養護と教育が一体となって営まれる**"ということは、子どもが落ち着いて、安心・安全に過ごせる場所や環境づくりに配慮しながらも（養護的側面）、子どもの主体的な経験を通して、感情の動き、人との関係、道具の使い方、達成感、自我（自分らしさ）の育ち、態度の育ち、言葉の覚え、運動能力の獲得などを育むこと（教育的側面）を支える表裏一体のかかわりなのです。（太字は原文）

社会福祉法人全国社会福祉協議会 全国保育士会パンフレット「養護と教育が一体となった保育とは」2016 より抜粋

（2）「幼児教育」とは

文部科学省中央教育審議会は、「幼児教育」の意義と役割を次のように示しています。

> 幼児教育は、目先の結果のみを期待しているのではなく、生涯にわたる学習の基礎を作ること、「後伸びする力」を培うことを重視している。
>
> 幼児は、身体感覚を伴う多様な活動を経験することによって、豊かな感性を養うとともに、生涯にわたる学習意欲や学習態度の基礎となる好奇心や探究心を培い、また、小学校以降における教科の内容等について実感を伴って深く理解できることにつながる「学習の芽生え」を育んでいる。
>
> （中略）幼稚園等施設における教員等には、幼児一人一人の内面にひそむ芽生えを理解し、その芽を引き出し伸ばすために、幼児の主体的な活動を促す適当な環境を計画的に設定することができる専門的な能力が求められる。

文部科学省中央教育審議会「子どもを取り巻く環境の変化を踏まえた今後の幼児教育の在り方について（答申）」2005 より抜粋

（3）「保育」と「幼児教育」の本質は同じ

このように「保育」と「幼児教育」は、子どもにとって必要な環境と生活を設定し、その営みの中で子どもを理解し、子どもの主体的な活動を促し、子どもの成長を支えるという、専門的な役割を担っていることがわかります。そして、福祉的側面をもつ保育士

と、教育的側面が強い幼稚園教諭は、一見違う役割を担っているようでいて、実は子どもの育ちを支えるという部分で同じ専門性をもっているといえます。何より、学校教育法第22条では、幼稚園の目的を「義務教育及びその後の教育の基礎を培うものとして、幼児を保育し、幼児の健やかな成長のために適当な環境を与えて、その心身の発達を助長すること」と定義しており、同法第27条の7、8、9において、教諭は「幼児の保育をつかさどる」ことが規定されています。そして、2017（平成29）年に同時改訂（定）された保育指針、幼稚園教育要領（以下、教育要領）、幼保連携型認定こども園教育・保育要領（以下、教育・保育要領）では、保育所も幼稚園も認定こども園も「幼児教育施設」であることが明示され、共通する幼児教育のあり方として「環境を通した教育」「乳児期からの発達と学びの連続性」「小学校教育との接続」が示されました。これらは、「保育」と「幼児教育」の本質と目指すところは同じであることが示されたといえるでしょう。（本書では、「保育」と「幼児教育」は同義語として「保育」と取り扱います。同じく「保育者」と幼児教育にかかわる「教育者」も同義語として「保育者」と取り扱います）

§3　保育者とは

1　保育者のスタートに立つ

　保育者（保育士、幼稚園教諭、保育教諭）として就職するには、基本的には保育士資格もしくは幼稚園教諭免許状、またはその両方の取得が必要になります（本書p.16〜21参照）。
　しかし、保育の資格や免許を取得し、それらをいかした職種に就職すれば、「保育者」なのでしょうか。前述したように、保育者とは保育の専門家であることが求められています。保育の資格や免許の取得のためには、専門的事項や技術をたくさん学びます。そのため形式的にいえば、保育士資格や幼稚園教諭免許状の取得をもって、保育者ということはあながち間違いではありません。ですが保育者の専門性は、保育者になってからも保育の現場で日々学び続けることで深まっていくものです。ですから、資格や免許を取得し就職した時点ではまだ、保育者としてのスタート地点に立ったところであるといえるでしょう。

2　子どもの育ちに責任をもつということ

　子どもにとって保育者は、家族以外で愛情をもって接してくれる「身近な大人」であり、また、はじめての「先生」です。保育者は子どもと生活をともにすることで、身近なお手本となり子どもの成長にかかわっていく、責任とやりがいのある専門職です。日々の保育は楽しくておもしろく、やりがいを感じられることだと思います。けれど、保育者は子ど

もたちとただ楽しく生活していればよいわけではありません。保育は、「養護」と「教育」が一体となって営まれるものであり、豊かな人間性をもった子どもを育成することを目指しているからです。

　幼児期の教育については、教育基本法第11条において「幼児期の教育は、生涯にわたる人格形成の基礎を培う重要なものである」と示されています。保育指針では、第1章総則において、「保育所は、子どもが生涯にわたる人間形成にとって極めて重要な時期に、その生活時間の大半を過ごす場である。このため、保育所の保育は、子どもが現在を最も良く生き、望ましい未来をつくり出す力の基礎を培うために、次の目標を目指して行わなければならない」と示されています。また教育要領では、第1章総則において、「幼児期の教育は、生涯にわたる人格形成の基礎を培う重要なものであり、幼稚園教育は、学校教育法に規定する目的及び目標を達成するため、幼児期の特性を踏まえ、環境を通して行うものであることを基本とする」と示されています。

　言い換えれば、保育とは、子どもたちが人として成長していくために必要な土台づくりを行う営みであるわけです。そして保育者は、子どもたちの将来を支えるという重要な役割を担っており、保育者のかかわり方一つで、子どもの未来を左右するともいえます。だからこそ、保育に対してやりがいだけでなく、責任感をしっかりともつことが求められるわけです。

§4　保育者としての成長とは

1 保育者の学びと専門性

　保育者は、養成課程での学びに留まることなく学び続け、専門性を高め、さらなる成長が求められています。それでは何をどのように学べばよいのか、少し考えてみましょう。

（1）理論的な専門性：保育の本質や目的

　保育の本質や目的については、法律や保育指針、教育要領、教育・保育要領等で示されています。しかし、その文章を表面的になぞっただけでは、本質や目的を理解したことにはなりません。それらがどのように成立し、その背景に何があったのかを知ることで、その示された文章の本当の意味に気づくことができます。そして、保育の本質や目的を自分

なりに解釈し理解することで、自分の理想とする「保育」というものを追求していくことにつながります。

（2）実践的な専門性：保育の内容と技術・技能・方法

保育の内容については、保育指針、教育要領、教育・保育要領の中に示されています。その内容についてどのように実践していくのかが、「技術・技能・方法」になります。保育現場で使える具体的なスキル向上を目指した学びは、現場においても欠かすことはできません。新しい技術や方法論を取り入れ、技能を高め、保育者としてのたくさんの引き出しをつくることで、さまざまな状況に合わせた的確な対応や判断も可能になっていきます。

（3）環境的・関係的な専門性：保育の対象の理解

保育は子どもが一番の主体ですが、保育の対象には子どもだけでなく家庭や環境も含まれます。そのため子どもについての理解だけでなく、子どもを取り巻く家庭や社会といった環境まで見通し、関係を構築していくことが求められます。子どもと環境との相互作用を理解すると、援助や支援するポイントが明確になります。とくに、子どもの生活も育ちも、家庭が中心にあってこそ成り立つのであり、だからこそ保護者と信頼関係を築き保育を行っていく必要があります。そのためには、コミュニケーションスキルを磨き、保護者の思いを受け止め協働し、ともに働く保育者、職員と連携していくことが重要になります。さらに、社会変化に合わせ保育も変化していかなければなりません。その変化に的確に対応できるよう、多面的・重層的に保育をとらえ理解し、対応することも求められています。

２　子どもとともに成長する保育者

子どもと向き合う姿勢と目線の高さはとても重要です。これは実際に向き合ったときの姿勢や高さのことだけをいっているのではありません。子どもと保育者は対等な存在であり、子どもを保育の主体として尊重することが大切です。保育者としての経験が浅いと、どうしても子どもを「導く、教える、育てる」という思いが出てきがちですが、その上下の関係性は保育者としての成長を止めてしまい、使命感や情熱を絶やすことにつながります。だからこそ、子どもと向き合う姿勢と目線の高さが重要なのです。

それとともに、他の保育者や保護者とも、対等で共通の方向性をもつ関係を築くこともまた重要です。なぜなら、子どもの健やかな育ちを願っていることには保育者も保護者も変わりがないからです。保育者と子どもとは上下の関係ではなく対等で尊重し合う関係であり、保護者とは対等で共通の方向性をもつ関係だからこそ、保育者は専門性を発揮し、保育者としての役割を全うすることができるといえます。

子どもが見つめる先を、同じ高さで、同じ気持ちで見つめ、同じように経験し、子どもとともに成長する保育者であってほしいと思います。

2章 保育者・教育者の資格・免許

　1章で学んだように保育者になるためには、資格、免許が必要です。この章では保育者に必要な資格、免許についてと保育者の倫理について学んでいきましょう。

§1 保育士資格

1 保育士資格の取得方法

　主に保育所等で勤務する保育士は、国家資格である保育士資格を取得して登録を受けなければなりません。児童福祉法において「この法律で、保育士とは、第18条の18第1項の登録を受け、保育士の名称を用いて、専門的知識及び技術をもつて、児童の保育及び児童の保護者に対する保育に関する指導を行うことを業とする者をいう」（第18条の4）と規定されています。保育士資格がないのに「保育士」を名乗ることは、同じく児童福祉法（第18条の23）により禁じられています。このように、無資格者による呼称使用を禁じている資格のことを「名称独占資格」と呼びます。

　保育士資格は、どうしたら取得できるのでしょうか。児童福祉法第18条の6に「保育士」の資格について、次のように示されています。

児童福祉法 第18条の6

次の各号のいずれかに該当する者は、保育士となる資格を有する。

一　都道府県知事の指定する保育士を養成する学校その他の施設（以下「指定保育士養成施設」という。）を卒業した者（学校教育法に基づく専門職大学の前期課程を修了した者を含む。）

二　保育士試験に合格した者

　つまり、大学や短期大学、専門学校の保育士養成コースの課程を修了し卒業する方法と、保育士試験（国家試験）を受験し合格する方法の2通りがあります。

　近年の保育士資格取得者は、保育士養成施設修了者が圧倒的に多数です。少し古いデータですが、2013（平成25）年度の保育士資格取得者の内訳は、保育士養成施設修了者が39,456人（81.6％）、保育士試験合格者が8,905人（18.4％）となっています[1]。

　ただ戦後、義務教育卒業後の進学が困難だった時代は、大多数の保育士（1999（平成11）年まで「保母」と呼称）が保育士試験を受けて資格を取得していました。1949（昭和24）年度の保育士資格取得者の内訳は、保育士養成施設修了者がわずか50人（1.2％）であるのに対して、保育士（保母）試験合格者は4,179人（98.8％）でした。保育士養成施設修了者が保育士試験合格者を上回るのは、1968（昭和43）年になってからです。

2　保育士の資格の要件　―欠格事由―

　保育者の仕事は、子どもの命を預かり、子どもの人生やその家族に少なからぬ影響を与える仕事です。その職務には、保育に関する専門性や責任が伴います。そのため、保育士資格や教員免許を規定している法律には、資格や免許を取得できない者についての記載があります。これを「欠格事由」といいます。

　児童福祉法による欠格事由は以下の通りです。

児童福祉法　第18条の5

次の各号のいずれかに該当する者は、保育士となることができない。

一　心身の故障により保育士の業務を適正に行うことができない者として厚生労働省令で定めるもの

二　禁錮以上の刑に処せられ、その執行を終わり、又は執行を受けることがなくなつた日から起算して2年を経過しない者

三　この法律の規定その他児童の福祉に関する法律の規定であつて政令で定めるものにより、罰金の刑に処せられ、その執行を終わり、又は執行を受けることがなくなつた日から起算して2年を経過しない者

四　第18条の19第1項第二号又は第2項の規定により登録を取り消され、その取消しの日から起算して2年を経過しない者

五　（略）

　なお、保育士資格に有効期限はありません。

§2 幼稚園教諭免許状

1 幼稚園教諭免許状の取得方法

幼稚園教諭として勤務するためには、「教育職員免許状（以下、教員免許）」が必要です。

教員免許には、いくつかの種類があり、細かく分類されています。まず、教員免許は、「普通免許状」「特別免許状」「臨時免許状」の3種類に区分されます。一般的なものは、大学等の教職課程を経て取得する普通免許状です。

教育職員免許法により、普通免許状には、学校（義務教育学校、中等教育学校及び幼保連携型認定こども園を除く）の種類ごとの教諭の免許状や、養護教諭、栄養教諭の免許状があります（第4条）。さらに普通免許状は、専修免許状、一種免許状、二種免許状に区分され、それぞれに修士（大学院の修士課程修了）、学士（大学卒業）、短期大学士（短期大学等卒業）の基礎資格を要します。

特別免許状は、教育職員検定に合格した者に授与されます。幼稚園教諭免許状には特別免許状はありません。

臨時免許状は、普通免許状を有する者を採用できない場合に限って、教育職員検定に合格した者に授与される、文字通り臨時の教員免許です。

2 幼稚園教諭の資格の要件 ―欠格事由―

教員免許を規定している法律にも資格を取得できない者についての記載があります。

教育職員免許法による欠格事由は以下の通りです。

教育職員免許法　第5条第1項

（中略）ただし、次の各号のいずれかに該当する者には、授与しない。

一　18歳未満の者

二　高等学校を卒業しない者（通常の課程以外の課程におけるこれに相当するものを修了しない者を含む。）。ただし、文部科学大臣において高等学校を卒業した者と同等以上の資格を有すると認めた者を除く。

三　禁錮以上の刑に処せられた者

四　第10条第1項第二号又は第三号に該当すること（いわゆる懲戒免職、分限免職：筆者注）により免許状がその効力を失い、当該失効の日から3年を経過しない者

五　第11条第1項から第3項までの規定により免許状取上げの処分を受け、当該処分の日から3年を経過しない者

六　日本国憲法施行の日以後において、日本国憲法又はその下に成立した政府を暴力で破壊することを主張する政党その他の団体を結成し、又はこれに加入した者

他に、学校教育法第9条においても4つの事項が明記されています。

比べてみると保育士資格と教員免許の欠格事由には共通点が多いことがわかります。教員免許に至っては、禁錮（刑務所に拘置するだけで定役には服させない自由刑の一つ）以上の刑に処せられたら、刑の執行が終わっても教員免許が授与されることはありません。

3　幼稚園教諭免許状の有効期間

保育士資格と異なり、教員免許には有効期限があります。2009（平成21）年度から、各学校種の教員免許に10年の有効期間が設けられました。有効期間を更新するには、大学等で行われる「免許状更新講習」を受講しなければなりません（詳細は13章（本書 p.130〜131）を参照）。

教員免許更新制の目的について、文部科学省は以下のように示しています[2]。

　　教員免許更新制は、その時々で求められる教員として必要な資質能力が保持されるよう、定期的に最新の知識技能を身に付けることで、教員が自信と誇りを持って教壇に立ち、社会の尊敬と信頼を得ることを目指すものです。
※ 不適格教員の排除を目的としたものではありません。

§3 保育教諭

1 保育教諭、認定こども園とは

「保育教諭」とは、認定こども園で働く保育者のことをいいます。では、認定こども園とはどのような施設でしょうか。ここで確認しておきましょう。

認定こども園について定めている「就学前の子どもに関する教育、保育等の総合的な提供の推進に関する法律」（以下、認定こども園法）の第9条には、認定こども園の役割について、「子どもに対する学校としての教育及び児童福祉施設としての保育並びにその実施する保護者に対する子育て支援事業の相互の有機的な連携を図りつつ、（中略）当該教育及び当該保育を行う」と明記されています。つまり、3歳児からの教育を行う幼稚園と、0歳児からの養護と教育を行う保育所の両方の要素をもつのが認定こども園です。

認定こども園の利用対象者は必ずしも就労・就学等している家庭の子どもである必要はなく、すべての子育て家庭の子どもが対象です。また、認定こども園には地域の子育て支援を行うという役割もあるため、子どもの就園の有無にかかわらず、子育て中の保護者は認定こども園からの子育て支援・育児相談サービスを受けることができます。

認定こども園には、幼保連携型（幼稚園と保育所の機能をあわせもつもの）、幼稚園型（幼稚園が保育所の機能を拡充させたもの）、保育所型（保育所が幼稚園の機能を拡充させたもの）、地域裁量型（地域の実情に合わせて設置・運営されるもの）の4つのタイプが存在します。図表2-1のように幼保連携型の割合がもっとも多く、全体の7割以上となっています。

近年、共働き世帯の増加などにより、待機児童の問題を解決すべく、既存の幼稚園の利用者の幅を広げる形で増加してきました。認定こども園は保護者の就労の有無にかかわらず利用が可能なため、保護者の働き

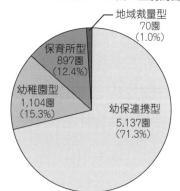

図表 2-1　認定こども園の型別割合

地域裁量型
70園
（1.0%）

保育所型
897園
（12.4%）

幼稚園型
1,104園
（15.3%）

幼保連携型
5,137園
（71.3%）

内閣府「認定こども園に関する状況について」
2019 より作成

方が変わっても子どもは転園することなく、継続して同じ園を利用できます。多様な働き方に対応できるのも認定こども園の特徴なのです。

では、認定こども園で保育者として働くためにはどのような資格・免許状が必要なのでしょうか。認定こども園のタイプにより必要な資格は若干異なりますが、ここでは割合が圧倒的に多い「幼保連携型認定こども園」で働く上で必要な資格を中心に確認しましょう。

2　保育教諭になるために必要な資格

認定こども園で働く保育者は「保育教諭」と呼ばれていますが、「保育教諭」という資格が存在するわけではありません。

認定こども園法第15条（職員の資格）には、「主幹保育教諭、指導保育教諭、保育教諭及び講師（保育教諭に準ずる職務に従事するものに限る。）は、幼稚園の教諭の普通免許状を有し、かつ、児童福祉法第18条の18第1項の登録を受けた者でなければならない」と明記されています。つまり、保育士資格・幼稚園教諭免許状の両方を取得していれば、「保育教諭」として働くことが可能だということです（こども園の種類により例外もあります）。前述の通り、認定こども園は学校教育（幼稚園機能と保育所機能）を一体的に提供する施設です。現在、保育者養成校で学ぶみなさんが保育者として活躍するためには、保育士資格と幼稚園教諭免許状、両方の取得を目指す必要があります。なお、幼保連携型以外の認定こども園でも、満3歳以上の保育においては保育士資格と幼稚園教諭免許状の併有が望ましいとされており、満3歳未満の保育においては保育士資格が必要となります。

3　現職保育者への特例制度

2019（平成31）年の文部科学省の発表[3]によると、保育所・幼稚園で働く保育士・幼稚園教諭のうちの4分の1程度の保育者は、いずれか一つの資格・免許状だけで勤務していることがわかりました。いずれか一つの資格・免許状だけで勤務している場合、勤務先が認定こども園へ移行すれば、不足している資格・免許状を取得しなければなりません。

そこで、認定こども園への移行を円滑に進めるために、保育士資格・幼稚園教諭免許状のいずれかのみを所持している保育者に対しては、不足している資格・免許状を取得するための制度が設けられています。具体的には、いずれかの資格・免許状のみをもっている場合、3年かつ4,320時間以上の実務経験と所定の指定科目の履修によって、不足している資格・免許状を取得できるようになっています。2019（令和元）年6月に認定こども園法の一部が改正され、保育士資格または幼稚園教諭免許状のいずれかを有している場合、保育教諭として勤務できる期間が5年間であったところ、10年間（2025年度末まで）に延長されることとなりました。内閣府は、この期間中に不足している資格・免許状を取得するよう促しています。

§4 保育者の倫理

1 専門職の倫理

「倫理」とはどのようなものでしょうか。『広辞苑』を開いてみると「人倫のみち・実際道徳の規範となる原理」[4]と記載されています。つまり、人として守るべき道であり、社会においては、善悪の判断をする際の判断基準となるもののことです。

保育者に限らず、医師・看護師等、専門職団体は、その専門職の行動を規定し、専門職としての責任をもって自らの行動を律するための「倫理綱領」を定めています。倫理綱領は、専門職として働く人間の行動を規定し、行動を律するための文書であり、専門職として働く上での拠り所でもあるのです。

2 保育者の倫理

では「保育者の倫理」とは何か考えてみましょう。保育には「生涯にわたる人格形成の基礎を培う重要な役割」があり、「質の高い教育及び保育並びに子育ての支援の安定的な提供」が求められています[5]。子どもの発達が保障され、自己肯定感をもって育まれることが可能となる環境を整備すること、子どもの最善の利益を念頭に、子どもを取り巻く環境に配慮しながら、健やかな成長が図られる安全で安心な環境を整えることが求められます。そして、教育基本法でも「自己の崇高な使命を深く自覚し、絶えず研究と修養に励み、その職責の遂行に努めなければならない」（第9条第1項）とあるように、保育者はこれらを実現するために日々研鑽を重ねなければなりません。

また、保育者は子どものみならず、子どもの保護者等、さまざまな個人の情報を把握した上で職務にあたります。「保育士は、正当な理由がなく、その業務に関して知り得た人の秘密を漏らしてはならない。保育士でなくなつた後においても、同様とする」（児童福祉法第18条の22）、「子どもの利益に反しない限りにおいて、保護者や子どものプライバシーを保護し、知り得た事柄の秘密を保持すること」（保育指針第4章）とあるように、子育て支援の重要性を理解するとともに、子どもや保護者のプライバシーの保護を徹底する等、専門職に就く者として遵守しなければならないことを自覚する必要があります。

保育者が高い倫理観をもっていることは、保育者という職業の専門性を保障することに直結します。さらに、地方公務員法には「職員は、その職の信用を傷つけ、又は職員の職全体の不名誉となるような行為をしてはならない」（第33条）とあります。個々の保育者だけではなく、組織全体で共通理解を図り、明記することで、利用者や社会に向けても専

門職の役割を示すことが大切です。下記の「全国保育士会倫理綱領」には、保育者として不可欠な倫理的観点が明記されています。記載されている 8 つの条文について熟読し、一人ひとりの保育者が、一人ひとりの責任において、保育者としての使命を果たしましょう。

　保育者に関連する倫理綱領として、他にも「全国児童養護施設協議会倫理綱領」（全国児童養護施設協議会）、「乳児院倫理綱領」（全国乳児福祉協議会）等があります。必要に応じて確認しましょう。

全国保育士会倫理綱領

　すべての子どもは、豊かな愛情のなかで心身ともに健やかに育てられ、自ら伸びていく無限の可能性を持っています。

　私たちは、子どもが現在（いま）を幸せに生活し、未来（あす）を生きる力を育てる保育の仕事に誇りと責任をもって、自らの人間性と専門性の向上に努め、一人ひとりの子どもを心から尊重し、次のことを行います。

　私たちは、子どもの育ちを支えます。
　私たちは、保護者の子育てを支えます。
　私たちは、子どもと子育てにやさしい社会をつくります。

（子どもの最善の利益の尊重）
1. 私たちは、一人ひとりの子どもの最善の利益を第一に考え、保育を通してその福祉を積極的に増進するよう努めます。

（子どもの発達保障）
2. 私たちは、養護と教育が一体となった保育を通して、一人ひとりの子どもが心身ともに健康、安全で情緒の安定した生活ができる環境を用意し、生きる喜びと力を育むことを基本として、その健やかな育ちを支えます。

（保護者との協力）
3. 私たちは、子どもと保護者のおかれた状況や意向を受けとめ、保護者とより良い協力関係を築きながら、子どもの育ちや子育てを支えます。

（プライバシーの保護）
4. 私たちは、一人ひとりのプライバシーを保護するため、保育を通して知り得た個人の情報や秘密を守ります。

（チームワークと自己評価）
5. 私たちは、職場におけるチームワークや、関係する他の専門機関との連携を大切にします。
　また、自らの行う保育について、常に子どもの視点に立って自己評価を行い、保育の質の向上を図ります。

（利用者の代弁）
6. 私たちは、日々の保育や子育て支援の活動を通して子どものニーズを受けとめ、子どもの立場に立ってそれを代弁します。
　また、子育てをしているすべての保護者のニーズを受けとめ、それを代弁していくことも重要な役割と考え、行動します。

（地域の子育て支援）
7. 私たちは、地域の人々や関係機関とともに子育てを支援し、そのネットワークにより、地域で子どもを育てる環境づくりに努めます。

（専門職としての責務）
8. 私たちは、研修や自己研鑽を通して、常に自らの人間性と専門性の向上に努め、専門職としての責務を果たします。

社会福祉法人　全国社会福祉協議会
全国保育協議会
全国保育士会

3章 保育者・教育者の教職観の変遷と保育・教育の歴史

§1 教職観の変遷と制度の移り変わり

1 幼稚園モデルとしてのフレーベル主義教育の導入と教職観

　日本で最初の幼児教育施設の構想は1872（明治5）年の「学制」に示されていました。そこには、「幼稚小学」として「男女ノ子弟六歳迄ノモノ小学ニ入ル前ノ端緒ヲ教ルナリ」とあり、男女とも6歳までを対象とした施設に関する規定がありました。しかしこれは実体化されることがなかったため、この構想の詳細は明らかではありません。もっとも早く登場した幼児教育施設として知られているのは、1871（明治4）年に横浜にできた亜米利加婦人教授所（アメリカン・ミッション・ホーム、現横浜共立学園）における米国人婦人宣教師の施設と、1875（明治8）年に京都上京第三十区第二十七番組小学校（のちの柳池小学校）に開設された「幼稚遊嬉場」ですが、短期間のうちに廃止されました。本格的な幼稚園の登場は、1876（明治9）年の東京女子師範学校附属幼稚園（現お茶の水女子大学附属幼稚園）の設置まで待つこととなりました。

　日本で幼児教育の導入に大きな役割を果たしたのは、文部大輔（文部省（現文部科学省）の次官）の田中不二麿と女子師範学校摂理（現校長）の中村正直でした[1]。田中は岩倉遺欧使節での洋行と米国フィラデルフィア万国博覧会時の渡米の際に各国に私設の幼稚園があることを知りました。とりわけ米国では富豪が私財を投じて立派な幼稚園を設立し教育効果をあげていることを認め、当時幼児の教育はかえって有害であるとする国内の反対意見を押しのけて、「幼稚園の模範」を世に示し、「教育の発展」を図り、「女子師範学校生徒の実験に資」するための幼稚園の開設を企てました[2]。中村もまた進取の気性に富んだ人

で、幕臣として昌平坂学問所の教授となり、維新直前には幕府のイギリス留学生監督として英国に渡って海外の実情を直に見聞した、国内外の教育事情に明るい人物でした。その中村は、亜米利加婦人教授所の女性宣教師たちが外国人と日本人との間に生まれた子どもたちをまるで実の母子であるかのように愛情をもって保育に携わる姿を目にして感銘を受けた経験から、東京女子師範学校附属幼稚園の設立建議を行ったといわれています。

　その東京女子師範学校附属幼稚園（以下、お茶の水幼稚園）にて日本で最初の保姆となった豊田芙雄は、1879（明治12）年ごろに執筆したとされる著書『保育の栞』の中で「保姆の資格」について次のように述べています。「保姆たるものは毎日吾が心性を温和にして爽快活発ならしめ、懇篤にて慈愛深く物毎に注意周到にして能く忍耐」するもので、かつ「音楽唱歌に熟練」し、室内外の「遊戯と恩物の使用法とに熟練」しなければならない。そして「常に清潔を愛」し、物事の「秩序を正しくし、事物を能く整頓する」規律を実行するべきと述べました[3]。保育実践者が書いた我が国最初の保育者論といってもよいでしょう。

　この時期の幼稚園は、制度上は1879（明治12）年の教育令、翌1880年の改正教育令において幼稚園を公立私立の別なく文部卿（文部省の長官）の監督下に置くとされた他、1881年に設置者別の幼稚園の設置・廃止の手続きが規則として文部省から示されるのみに留まっていました。その制度下で、大阪府の模範幼稚園、鹿児島県女子師範学校附属幼稚園の2校がお茶の水幼稚園をモデルとしたフレーベル方式（本書p.29参照）の幼児教育施設として生まれ、民間でも次第にお茶の水幼稚園型の幼稚園が増えていきました。1890（明治23）年の小学校令で市町村が幼稚園を設置することができることを定め、1891年に文部省が出した幼稚園に関する規則で幼稚園保姆の資格が明示されるようになり、幼児教育の基盤が固められていきました。

　全国の幼稚園数がようやく200園を超えた1899（明治32）年には「幼稚園保育及設備規程」が定められました[4]。まだまだ設置数の足りない幼稚園についてその規格を定めることにより振興を図った施策といえます。そこでは保育は「心身発育ノ度ニ適応セシムヘク其ノ会得シ難キ事物ヲ授ケ或ハ過度ノ業ヲ為サシメ又ハ之ヲ強要シテ就業セシムヘカラス」とあり、幼児の心身の発達程度に合わせる保育に心がけ、幼児の理解できないことを教えたり、過剰な活動をさせたり強要したりしてはならないと示されました。また、「常ニ幼児ノ心性及行儀ニ注意シテ之ヲ正シクセシメンコトヲ要ス」、続いて「幼児ハ極メテ模倣ヲ好ムモノナレハ常ニ善良ナル事例ヲ示サンコトニ注意スヘシ」と規定され、幼児の心情や行動に注意をし、よいお手本を示すことで幼児がそれを真似できるように心がけるよう示されています。このように保育者の教育指針が示される一方で、保育の内容は遊嬉・唱歌・談話・手技の4領域として指定されました。法令として基準が示されたことにより、これ以降の幼稚園の活動や性質が固定化されるようになりました。

2 モデル校の模倣・形式的フレーベル主義からの離脱

　明治の末になると日露戦争による出征軍人子弟のための保護的な意味での就学前教育も要望されるようになり、児童保育所や託児所が普及していきました。それとともに、それまで富裕層の子弟のための幼児教育施設と見なされていた幼稚園は一般庶民層の支持を得はじめ、幼稚園数は500園を超え次第に幼稚園教育が全国的な広がりを見せはじめました。とはいえまだまだ保育所・託児所は貧困層のため、幼稚園は富裕層のための幼児教育施設との認識が根強く、中間層の多くは就学前教育を受けることなく小学校に就学していく慣習が長く続きました。

　東京女子高等師範学校教授の中村五六と助教授の和田実は1908（明治41）年に『幼児教育法』を著し、保育者の専門性を追求するようになりました[5]。和田らは「幼児の生活々動は遊戯と習慣の集りであるが故に之を教育する手段や方法も亦遊戯と習慣との中に見出す可きものである」と主張し[6]、その活動中に保育者の専門性を発揮させることを志向しました。従来の幼児教育がフレーベル方式に拘泥するあまり、恩物の使用に基づく教育手法にのみ注意して形式に固執し、教育一般の基礎であり出発点にあたる幼児教育の真価を世間に疑わせてしまっている、すなわち幼児教育の現場に蔓延するいわゆる「手段の目的化」を批判しその改善を求めるものでした。大正期に入ると児童中心の教育思潮に沿って幼稚園の増設はめざましく、保育理論も、前記の「設備規程」に定める遊嬉・唱歌・談話・手技の4領域を基調として、幼児の自己活動を重視するようになりました。

　1926（大正15）年には「幼稚園令」が定められ、それまで小学校令施行規則の中に含まれていた幼稚園に関する規定は独立することとなりました。ここにおいて明治以来整備が進められてきた幼稚園制度はようやく確立を見たといえるでしょう。幼稚園令の施行規則には、幼児の保育は「心身発達ノ程度ニ副ハシムヘク其ノ会得シ難キ事項ヲ授ケ又ハ過度ノ業ヲ為サシムルコトヲ得ス」、そして「常ニ幼児ノ心情及行儀ニ注意シテ之ヲ正シクセシメ又常ニ善良ナル事例ヲ示シテ之ニ倣ハシメムコトヲ務ムヘシ」と規定されました。「幼稚園保育及設備規程」と同様に幼児の心身の発達程度に合わせた注意深い保育の実施がうたわれ、「幼稚園令」第9条には保姆の資格として「保姆ハ女子ニシテ保姆免許状ヲ有スル者タルヘシ」と明記されました[7]。

　和田らは『幼児教育法』の中で「幼児教育者は幼児をして如何に完全に遊ばしむ可きか、其習慣は如何様に躾く可きかと云ふことに就いて常に積極的考案を立て、常に其脳裏には被教育者の将来に就いて明瞭なる意識を有するものである」と述べています[8]。これは子どもを危険や害悪から守ることを主眼に遊戯をさせ行動を看護するという旧来の子守から、幼児の将来を見据えた明確な教育目標・計画に基づく教育を実施するという専門性を備え

た保育者への脱却を示していました。

　大正期から昭和期にかけて東京女子高等師範学校教授および附属幼稚園の主事（現園長）を長らく務め、幼児教育の発展に尽くした倉橋惣三も幼稚園創設期の教えすぎる幼稚園やその逆の消極的な幼稚園に対する批判を行いました。幼稚園で神聖化されてしまった恩物を棚から下ろして竹籠に放り込んで子どもに与えるなど、児童中心主義に基づく自由遊びを重視し、学校教育と異なり教育成果の認識しづらい幼児教育に対し、そこにかかわる保育者の責任と自信をもつことの大切さを説きました。倉橋は保姆の重要な資格として、仕事に手応えを得づらい「保姆の苦労に堪え得る人」、清浄無垢な「幼児達から信用と尊敬とを以て深く親しみ慕はれる」人知れぬ「保姆の慰労に満足する人」、他人から見たら大したことではないが「幼児の心に一分の進歩一厘の発達」が見えたときの「保姆の歓喜を第一の歓喜とする人、之れこそ保姆になれる資格のある人と云ふべきだと思う」と述べています[9]。

　1941（昭和16）年の戦時体制下においては、国民錬成の基礎としての国民幼稚園などが提唱されるようになり、同時に戦争の長期化とともに保護的な季節託児所や戦時託児所も急増していきました。国民教育の一翼を担う教育施設としての幼稚園と社会保障に位置づく児童福祉施設としての保育所という、二元的な幼児教育機関の発達がその後も長く影響することとなりました。戦後の1947（昭和22）年、学校教育法により、幼稚園はそれまでの家庭教育を補うための教育機関という性格から、正規の学校教育機関の最初の段階として学校体系に組み込まれました。一方、保育所については児童福祉法によって児童福祉施設の一種として明示され、幼保二元化の構造が確定しました。文部省の所管する幼稚園と厚生省（現厚生労働省）の所管する保育所とは、それぞれ施設としての目的と機能とが異なるとはいえ、小学校就学前の子どもの教育が分かれてしまっていたことは望ましくないことは明らかです。

　2017（平成29）年改訂の教育要領において、教師は「幼児との信頼関係を十分に築き、幼児が身近な環境に主体的に関わり、環境との関わり方や意味に気付き、これらを取り込もうとして、試行錯誤したり、考えたりするようになる幼児期の教育における見方・考え方を生かし、幼児と共によりよい教育環境を創造するように努めるものとする」と定義した上で、「幼児の主体的な活動を促し」、「遊びを通しての指導を中心とし」ながら、「幼児一人一人の特性に応じ、発達の課題に即した指導を行う」ことを「重視して教育を行わなければならない」としています。ここでいう児童中心主義と「遊び」の重視、個性に応じた指導の３つを担う保育者こそが、近代化の過程を経ながらも幼児教育界が獲得した教職観といえるでしょう。

§2 海外の保育の歴史

　ここでは海外の保育の歴史を、現代にも大きな影響を与えた人物に焦点をあて、紹介していくことにします。

1 近代幼児教育思想の源流

（1）ペスタロッチー（Johann Heinrich Pestalozzi, 1746-1827）

・貧民救済の教育

小川正行『ペスタロッチーの生涯及事業』目黒書店、1919（国立国会図書館ウェブサイトより）

　スイスのチューリヒで生まれたペスタロッチーは、幼いころに父親を亡くし苦しい生活を過ごしました。彼は成長するにしたがい、貧困に苦しみ労働を強いられている子どもたちを救いたいと思うようになります。1771年、ペスタロッチーはチューリヒからブルック近郊の「ノイホーフ」（Neuhof、「新しい農場」の意味）に妻のアンナとともに移り住み、「農業経営の改善や貧農の子弟の教育に従事」[10]しましたが、やがて経営が困難となり破綻します。その後、貧児や孤児を集めた貧民学校を設立し、家庭的な雰囲気の中で労働を通して生活技術を身につけさせるとともに、産業化していく社会でも自立していける実際的な知識や技能を授けました。しかし、1780年には貧民学校の経営も行き詰まり、閉校せざるを得なくなりました。

　ペスタロッチーは失意のときを過ごしながらも、ノイホーフでの教育実践をまとめた『隠者の夕暮』（1780年）を著しました。同書の冒頭において、「玉座の上にあっても、木の葉の屋根の陰にあっても同じ人間、その本質における人間、その人間は何であろうか」と問いかけています。彼が貧民教育に従事したのは、富める者も貧しい者も人間の本質は平等であるという考え方のもとで、恵まれない境遇にある貧児や孤児に対する教育をすることが大切であると考えていたからです。

・メトーデの成立

　1800年、ペスタロッチーはスイスにあったブルクドルフ城内に実験学校を開き教師としての新しい人生を歩みはじめます。実験学校では、子どもの「直観」（Anschauung）によって、自然や事物を正しく認識する「メトーデ」（Methode）と呼ばれる教育が展開されました。ペスタロッチーによると、子どもは直観の三要素である「数・形・語」（直観のABC）を通じて、「対象の形を知り、数を知り、それを言語で表現すること」[11]が可能となります。彼が『ゲルトルートは如何にしてその子等を教うるか（ゲルトルート児童教育法）』（1801年）を著したことで、メトーデはヨーロッパ中に知れ渡り、多くの人々が学ぶよう

になりました。今日、私たちはペスタロッチーの「教育によって貧困の世代間連鎖を断ち切ろうとした試み」[12]から多くのことを学ぶことができます。

（2）フレーベル（Friedrich Wilhelm August Fröbel, 1782-1852）

・幼稚園の創始者

日本保育学会編『写真集 幼児保育百年の歩み』ぎょうせい、1981、p.12

　ドイツ中部のチューリンゲン地方で生まれたフレーベルは、生後9か月で母を病で亡くし、継母から愛情を注がれることなく幼少期を過ごしました。その後、イエナ大学に入学し、数学・幾何学・物理学などの自然科学を学びましたが、授業料を払うことができずに退学を余儀なくされました。ところが、フレーベルは友人の紹介で訪れた師範学校（教員を養成する学校）において、教職を天職と自覚するようになり教師への道を歩みはじめます。1816年、フレーベルは「一般ドイツ学園」（「カイルハウ学園」とも呼ばれる）を創設し、観察や野外活動、農作業などを重視した労作教育を行いました。学園での取り組みをまとめた主著『人間の教育』（1826年）では、教育・保育の営みは教師が知識を子どもに授けることではなく、子どもの内にある「神性」を導き出すことが重要であるとしています。

　1840年、フレーベルは「ヒトを人間へと育てる教育の根本は、就学前の子どもの教育になければならない」[13]と考え、世界初の幼稚園である「キンダーガルテン（一般ドイツ幼稚園）」（Kindergarten）を創設し、幼稚園はドイツ国内で普及しました。しかし、19世紀中ごろに政府が幼稚園の自由な思想を危険なものだとみなし、「幼稚園禁止令」を出したことで閉鎖されてしまいました。1852年、フレーベルは禁止令が解かれるのを見ることなく、その生涯を終えました。

・恩物による教育

　キンダーガルテンでの教育活動は、フレーベルが独自に開発した「恩物」（Gabe）を中心に展開します。恩物とは子どもが遊びを通じて、自ら学ぶ力と想像力を養うことができる教育遊具のことです。その形態は丸・三角・四角の基本的な形から構成され、第1恩物から第20恩物まであります（なお、日本では第1恩物から第10恩物までを「恩物」、第11恩物から第20恩物までを「手技工作」と区別して呼びます）。第1恩物は、子どもが手で握るのに適当な大きさでつくられた6色（赤、橙、黄、青、緑、紫）の毛糸製ボールが木箱に収められており、ボールを子どもの前にもってきてそれを握らせます。第2恩物は、木製の立方体、球、円柱を糸で吊るし、回転させることで現れる形を子どもが認識できるように工夫が凝らしてあります。第3恩物は、小さな立方体の積み木です。これらの恩物を用いることで、子どもは創造力を働かせてさまざまな形を考え出すことができます。

第1恩物　六球法
お茶の水女子大学所蔵

2　子ども中心主義の思想と教育

（1）エレン・ケイ（Ellen Karolina Sofia Key, 1849-1926）

・エレン・ケイと『児童の世紀』

エレン・ケイ、大村仁太郎解
説『二十世紀は児童の世界』
同文館、1913

　スウェーデンの思想家であるエレン・ケイは、『児童の世紀』（1900 年）を出版し、「20 世紀は児童の世紀である」と宣言しました。同書では、第 1 部で「子どもの権利」や「母性の保護」について、第 2 部では体罰への厳しい批判、家庭教育の重要性などが論じられています。ケイは体罰について「おびただしい数の子どもが、体罰に対する恐怖から、または体罰の後で自殺している」「最も望ましいのは、子どもが生れたときから、親は打擲（打ち叩くこと。この場合は体罰―筆者注）を教育手段として決して使うまいと固く決心することである」「家庭および学校で、子どもに笞刑（ムチで殴打する刑罰―筆者注）を加えるのを法律で禁止して、事実上あらゆる打擲教育の跡を絶たせることに勝るものはない」と述べています。このように彼女が体罰によらない教育を主張したことは、今日の教育・保育のあり方を考える重要な指針となります。

　ケイは、法律をもって家庭や学校における体罰を禁止すべきであると要求しました。世界でもっとも早くに体罰全面禁止法を導入したスウェーデンでは、1979 年に「子どもへの体罰と屈辱的な取扱いの禁止」を盛り込んだ親子法改正案を可決しています。

　現在各国では体罰を全面的に禁止する法律が整備され、現実のものとなりつつあります。近年、日本でも相次ぐ児童虐待事件を受け、親が子どもを戒める民法の「懲戒権」規定の見直しを検討しています。また、2020（令和 2）年 4 月に施行された「児童虐待の防止等に関する法律」（通称、児童虐待防止法）の第 14 条では、児童のしつけに際して体罰を加えてはならないことが明記されました。

（2）モンテッソーリ（Maria Montessori, 1870-1952）

・「子どもの家」の創設

日本モンテッソーリ協会
（学会）所蔵

　イタリアで生まれたモンテッソーリは、ローマ大学医学部へ入学して母国で最初の女性医学博士となった人物です。卒業後、大学附属病院の助手となり、精神発達障害の子どもの治療や教育に携わりました。1907 年、彼女によって創設された「子どもの家」（Casa dei Bambini）は、社会の底辺に生きる子どもたちを対象とした保育所施設でした。モンテッソーリは、セガンやイタールらの異常児・障害児研究から影響を受けながら、教具の援助を通じて子どもの「自己教育」が可能となる方法を考えました。また、ベルギーの精神科医で教育者

のドクロリーとの交流の中で医療と教育に尽力しました。

・モンテッソーリ教具

　モンテッソーリは、幼児期に感覚がほぼ成人の水準にまで発達し、幼児期における感覚教育が後の知的発達を促進することに気づきました。そこで、3歳から7歳ごろの子どもは感覚を形成して発達するのに最適であり、この時期を「敏感期」として重視しました。

　モンテッソーリ教育において、教具はもっとも中心的な役割を占めています。モンテッソーリ教具には、感覚教具（円柱差し、色板、幾何学図形のはめ込み板、ピンクタワー等）、数教具、言語教具、日常生活教具があり、これらの教具は、子どもの五感（視覚・聴覚・味

数の棒と数字カードの1
日本モンテッソーリ協会（学会）所蔵

覚・嗅覚・触覚）を訓練し、個々の器官を洗練させるために用いられました。また、教師の直接的な指導ではなくモンテッソーリ教具の間接的な援助によって、子どもの「自発的活動」や「感覚教育」が重んじられました。その際、教師は適切な環境を構成し、子どもの活動を乱すことのないように観察者でなければならないとされています。「子どもの家」での実験的取り組みは、世界的な注目を集めることになり、アメリカ、ヨーロッパ諸国、インド、中国などに波及しました。また、日本においても明治末期にはじめてモンテッソーリ教育が紹介され、幼児教育の現場に大きな影響を及ぼして現在に至っています。

　本節では、西洋の保育の歴史と思想を検討してきました。近代以前は「大人」と「子ども」の境界は曖昧であり、肉体・精神的に未発達な子どもでさえも労働力として認識されていました。すなわち、子どもは「小さな大人」と考えられていました。しかし、近代以降、ペスタロッチーやフレーベルは、「子ども」を単に大人に従属した存在としてではなく、子どもを固有の価値ある存在としてとらえ直しました。さらに、エレン・ケイやモンテッソーリは、大人の立場から考えられてきた教育を反省して、子どもの本性を尊重する「子ども中心主義」を標榜しました。

　保育者を志すみなさんは、本節で学習した西洋の保育の歴史や思想を通じて、子どもたちが今置かれている状況を見つめ直し、今後の保育のあり方を自ら探究していってほしいと思います。

§3 日本の保育の歴史

ここでは、日本で初の幼稚園が設立された明治期から現代に至るまでの保育の歴史を時代を追って見ていくことにします。

1 明治期の保育者

関 信三

松野クララ

文部省『幼稚園教育百年史』ひかりのくに、1979、p.52

豊田芙雄

日本の最初の幼稚園は、1876（明治9）年11月14日に設立、同16日に開園した、東京女子師範学校附属幼稚園です。開設当時の監事（現園長）は関信三（1843–1880）、主席保姆は、フレーベル創設の幼稚園保姆養成施設で教育を受けた松野クララ（1853–1941）が務めました。ドイツ人であった松野クララは、1876（明治9）年、当国で知りあった林学者の松野礀（1846–1908）と結婚し、同じ年に東京女子師範附属幼稚園の主席保姆となりました。保姆には豊田芙雄（とよだふゆ）（1845–1941）、近藤濱らがいました。

幼稚園教育草創期にあって、関信三は『幼稚園法二十遊嬉』の中で、「熟々世上ノ子女教育ノ現況ヲ観察スルニ唯六歳已上ノ学童ヲ教導スルノ緊要ナルヲ知テ未タ学齢已下ノ幼稚ヲ教養スルノ最モ忽諸スヘカラサルヲ知ルモノ幾ント稀ナリ」[14] と述べています。6歳以上の子どもは学校に入学して教育を受けているが、学齢に達しない幼児の教育はないがしろにされているという当時の状況から、これを改めるべきであると考えていたのです。しかし、現実に東京女子師範学校附属幼稚園に入園したのは「貴族や富豪の子弟」「上流階級」が中心であり、広く一般に開かれた幼稚園ではありませんでした。また、形式的にフレーベル主義を受け継いだ、恩物中心の保育であったといわれています。

明治10年代から20年代には、キリスト教の幼稚園も設立されました。代表的な例は、1888（明治21）年、A. L. ハウ（Annie Lyon Howe, 1852-1943）により設立された頌栄幼稚園です。ハウは、シカゴのフレーベル協会保姆伝習学校を卒業し、同地で幼稚園を運営していました。キリスト教宣教師として来日し、神戸に同園を設立するとともに、保姆の養成にあたりました。彼女は、「頌栄幼稚園保姆伝習所生徒のために」、『保育学初歩』を著しました[15]。同書の本編ではまず、「恩物理論」が展開されており、各恩物の特性や使い方、それらの「効果」について述べられています。明治期においては、東京女子師範学校附属

幼稚園や他の公立幼稚園はもちろん、私立幼稚園においても恩物をいかに扱うかに焦点が
あてられていたのです。

　以上のような、国公立の幼稚園、キリスト教系の私立幼稚園などとは目的や性質を異に
にした、託児所（保育所）の必要性が出てきました。それまで子守の担い手であった児童
らが小学校に入学するようになり、それを補う「子守学校」「簡易幼稚園」の必要性が着
目されました。1890（明治23）年には新潟静修学校に附設された託児所が、1900（明治33）
年には、貧困層の幼児を対象とした二葉幼稚園
（1916（大正5）年に二葉保育園と改称）が発足し
ました。二葉幼稚園は、華族女学校幼稚園に勤務し
ていた野口幽香と森島峰（美根）が小規模ながら
貧児の保育をはじめたことに端を発します。そ
の後、1906（明治39）年には、四谷鮫河橋に移
転し本格的な保育がはじまりました。野口幽香
は1890（明治23）年に東京女子師範学校を卒業後、
同校附属幼稚園の保姆を務めました。1894（明治

野口幽香（右）と森島峰（左）
二葉保育園編『二葉保育園八十五年史』二葉保育園、1985、p.1

27）年、華族女学校幼稚園の設立に伴い、その保姆をしながら、1900（明治33）年に二葉
幼稚園を設立しました。野口幽香は、二葉幼稚園での卒業式について、当時を振り返って
次のように述べています。

　　　「其後貧民幼稚園の方でも思ひついて、証書をやる事に致しました。貧民の方
　　　ではもっと大切な事でありました。何年間此の幼稚園で保育を受けたといふ事が
　　　子供の一生に取つて非常な喜びでありかつ其証書は将来職業を求むる上に於ても
　　　よほどの便宜を得る事になるのでした。」[16]

　現在では考えにくいですが、二葉幼稚園の卒業証書が、将来、職を得る上で重要な役割
を果たすというのです。ですから、華族女学校の幼稚園の卒業証書に比べ、二葉幼稚園の
それは、生活に直結する「もっと大切な事」だったと考えていたのでしょう。

　以上のように、明治期において、東京女子師範学校附属幼稚園など国公立の幼稚園、頌
栄幼稚園のような私立幼稚園、託児所（保育所）という3つの系譜をもって幼児教育・保
育が展開されていたのです。幼稚園と託児所（保育所）との間には、その特性において大
きな違いがあり、その後の幼保一元化の障壁となりました。

　幼稚園にかかわるこのころの制度について簡単に触れておきます。1872（明治5）年
に「学制」が公布され、この中で就学前の子どものための「幼稚小学」が規定されました。
しかし、この「幼稚小学」はすぐに実現することはありませんでした。幼稚園のより明
確な制度化は、1899（明治32）年の「幼稚園保育及設備規程」によって実現しました。こ

の規程で、「幼稚園ハ満三年ヨリ小学校ニ就学スルマテノ幼児ヲ保育スル所」（第1条）と、その役割が明確になりました。また、「保育ノ時数（食事時間ヲ含ム）ハ一日五時以内」（第2条）、「幼児保育ノ項目ハ遊嬉、唱歌、談話及手技」（第6条）などと定められ、保育の時間や内容が明確になりました。現在の幼稚園教育の原型が見えますが、あくまで「家庭教育ヲ補ハンコトヲ要ス」（第5条）という性格は戦後まで改められませんでした。

2 大正・昭和戦前期の保育者

倉橋惣三
お茶の水女子大学所蔵

東京女子高等師範学校附属幼稚園の主事を務めた倉橋惣三（1882-1955）は、大正期から戦後にかけて、日本の幼児教育・保育の発展に大きく貢献した人物です。倉橋の著した「子供讃歌（九）」（1950年）を見ると、形だけの恩物主義を否定する、彼の考え方が表れています。1917（大正6）年、同附属幼稚園の「新まいの園丁」として着任した彼は、「創園以来の古いフレーベル二十恩物箱を棚から取り降して、第一、第二その他系列をまぜこぜにして竹籠の中へ入れた」[17]とその当時を振り返っています。その意図は、「幼児の積木遊びを、幼児の積木遊びとして幼児達にさせ」ることにありました。崇拝されていた恩物ではありましたが、「その実は、以前から恩物が恩物として用いられてはいなかつた」ため、その行為を「悔いもせず、フレーベルに対して必ずしも済まなかつたとも思わなかつた」と回想しています。倉橋は、「フレーベルを尊敬して日々にその肖像を仰ぐ心において人後に落ちない」とは述べていますが、子どもより恩物やフレーベルを崇拝する姿勢を否定したのです。

では、倉橋の理想としたのはどのような保育だったのでしょうか。彼はその著書『幼稚園保育法真諦』で、次のように述べています。

> 「幼稚園と云ふものは、自由と設備を用意され、懇切、周到、微妙なる指導心を持つて居る人が充実指導をして下さる上に、更に子供の興味によく即した主題を以て、子供の生活を誘導して呉れるところでなければなりません。（中略）誘導となると一般家庭ではむづかしいことです。之を相当大仕掛にやつて行ける所に、幼稚園の一つの存在価値があるといつてよいのです。」[18]

子どもは自由に、自然に生活しているつもりであっても、そこには保育者の設定した「主題」があり、それに向かって知らず知らずのうちに誘導されていく。その実現のためには、「大仕掛」が必要であり、一般家庭では困難である。幼稚園の第一義的価値はそこにある、という主張と見ることができるでしょう。この他にも、倉橋は同書の中で、保育のありようをうまく食事にたとえています。「朝寝して不愉快な思ひで食卓に出たものも、つい食ひ度くなる様に誘導する具合に出来てゐなければなりますまい。誘導されてゐると

は露知らず、勝手に思はず自由にとつて食べますが、その中には必要な滋養価値がちやんと配分されてゐるのでなければなりますまい。斯ういう様に出来てゐるものが保育案だと思ふのです」[19]と、決して放任ではなく、用意周到な保育案があってはじめて誘導保育が実現可能であると主張しているのです。「生活を生活で生活へ」という倉橋の言葉には、あくまで子どもの普段のありのままの生活を壊さずに、その子どもの生活へ幼稚園のほうを順応させていくという意味が込められています。

　このころの大きな制度改革として、1926（大正15）年の「幼稚園令」の公布があります。第1条には、「幼稚園ハ幼児ヲ保育シテ其ノ心身ヲ健全ニ発達セシメ善良ナル性情ヲ涵養<ruby>涵養<rt>かんよう</rt></ruby>シ家庭教育ヲ補フヲ以テ目的トス」と定められ、依然として家庭教育の補助的な役割と位置づけられていました。また、「幼稚園令」制定の際にも、その「要旨並施行上ノ注意事項」には、「父母共ニ労働ニ従事シ子女ニ対シテ家庭教育ヲ行フコト困難ナル者ノ多数居住セル地域ニ在リテハ（中略）其ノ保育ノ時間ノ如キハ早朝ヨリ夕刻ニ及フモ亦可ナリト認ム」[20]とあり、幼稚園に託児所の機能をもたせるという意図が見えました。

　戦時体制に入ると、託児所の需要がますます高まりました。親の従軍や工場への動員などから保育需要が高まり、託児所の増設が図られました。東京市では、1943（昭和18）年ごろ45か所の託児所がありましたが、「施設を拡充して『戦時託児所』百ヶ所を増設」[21]しました。しかし、戦局が激化し、空襲を受けた地域では多くが閉鎖に追い込まれました。

③ 戦後の保育所・幼稚園

　1947（昭和22）年、児童福祉法が制定され、保育所は、「日日保護者の委託を受けて、その乳児又は幼児を保育することを目的とする施設」（制定当初第39条）であるとされました。一方、幼稚園についても、同じ年に制定された学校教育法に、小学校や中学校などとともに、正規の学校教育機関として位置づけられました。「家庭教育ヲ補フ」という性格は改められ、学校教育法では「幼児を保育し、適当な環境を与えて、その心身の発達を助長すること」（制定当初第77条）を目的としました。しかし、同じ就学前の子どもを育てるところでありながら、名称、根拠となる法令、その目的が異なることは、戦前も含めて、戦後も長きにわたり解消されることはありませんでした。

　2017（平成29）年の保育指針の改定により、「幼児教育を行う施設として共有すべき事項」が新設されました。同解説によると、「幼保連携型認定こども園や幼稚園と共に、幼児教育の一翼を担う施設として、教育に関わる側面のねらい及び内容に関して、幼保連携型認定こども園教育・保育要領及び幼稚園教育要領との更なる整合性を図った」[22]とされています。保育所、幼稚園、そして認定こども園に共通の教育内容が示されたことにより、宿願であった幼保一元化がようやく実現しようとしています。

4章 保育者・教育者の一日

§1 園で働く保育者の一日

1 園で働く保育者の仕事

　みなさんは、保育者の仕事、と聞くとどんなことを思い浮かべますか？　朝、「おはよう」と子どもを迎え入れ、一緒に遊び、食事の世話をし、おむつを換え、絵本を読んで寝かしつける。楽しいときには一緒に笑い、悲しいときには、心を寄せてくれる姿を思い浮かべるかもしれません。しかし、保育者の仕事は子どもが登園し、降園するまでの保育時間だけではありません。子どもたちより早く出勤し、園庭や保育室のそうじ、その日の子どもの活動を見通した、保育の準備をする環境整備の仕事があります。また、その日の子どもの健康状態や、何時に誰が迎えに来るなどの連絡、保護者からの相談に応じることもあります。園全体の予定の確認や、職員間の情報共有のためのミーティングも開かれます。そして、必要に応じて各関係機関と連絡を取り、話し合いももたれます。子どもたちの降園後も、その日の保育の後片づけやそうじ、記録をつけるなど、次の保育に向けた準備をします。その他、指導計画作成や行事の準備、安全管理や災害対策のマニュアル作成や訓練も行います。そして、保育者自身の専門性を高めるため、園内研修や外部の研修会に出席して新たな知識や技術を習得することも、保育者の大切な仕事の一つです。このように、保育者には子どもたちと一緒に過ごす時間帯以外にも、たくさんの仕事があります。

　それでは、ある園の一日を例に、場面ごとに見ていきましょう。

2　ある園の保育者の一日　―保育所を例に―

早朝保育 •

・出勤　6：30

　保育所は朝7時から夜8時くらいまで開所しているところが多いため、朝番、普通（中）番、遅番のシフト制やローテーションを組んで保育にあたっています。

　幼稚園も、早朝保育や預かり保育を実施している園が増え、迎えの園バスに同乗する保育者は、間に合うように出勤します。預かり保育を担当する保育者は遅番の出勤時間に、というようにローテーションを組む園もあります。

　園の門の鍵を開け、更衣室で動きやすい服装に着替えます。

・保育の環境の整備

　朝の保育環境の整備は、子どもたちが健康で安全に、楽しく活動するために欠かすことができません。子どもが登園してくる前に、園庭や保育室のそうじをします。そして、その日の子どもの活動を見通して、必要な玩具や遊具等を出して迎える準備をします。

　飼育動物がいる場合には、動物の健康状態を確認します。園庭では、危険物が落ちていないか、子どもがつまずきそうなものがないか、固定遊具のビスがゆるんでいたり、腐食しているなどの破損はないか、子どもたちが怪我をしないように、ていねいに点検します。砂場では、覆っていたシートを片づけ、犬や猫などの糞便がないかも確認します。そして、スコップで砂を掘り返して空気を入れ、紫外線にあて、子どもたちが気持ちよく遊び出せるように準備をします。

　事務室では、子どもの欠席や遅刻、送迎バスに乗らないなど、さまざまな連絡が入ります。連絡を受けた保育者は、担当保育者やバスに同乗している保育者と連絡を取り伝えます。

・早朝保育　7：00

　早朝保育の子どもたちが保護者とやってきます。各家庭の都合で登園時間もまちまちです。子どもたちは、早朝保育（一時保育）が行われている保育室に向かいます。

　多くの保育所では、子どもの発達による動きの違いや感染症予防のため、早朝保育の受け入れは、乳児と、1・2歳児、3歳以上児で保育室を分けています。とくに乳児は、情緒の安定や信頼関係を築くため、特定の保育者との継続的な関係が大切です。そのため、乳児保育は担当制（それぞれ

の子どもの保育を中心となって行う保育者を決める）を取り入れて、勤務ローテーションに担当保育者が配置されるようにしています。

　出勤前の保護者は忙しく、子どもの着替えをロッカーに入れ、連絡帳を提出し、その日の子どもの様子など、気になる点を保育者に伝えます。ときには投薬依頼書と薬を預かることもあります。

　朝のわずかな時間は、保護者と保育者の大切なコミュニケーションの一時です。保育者は、子どもに「おはよう」と声をかけながら、しっかり子どもの様子を読み取ります。保護者から抱っこで受け取るだけで、熱っぽいなど、いつもと違う体調の変化に気づきます。いつもとどこが違うのか、元気がない、だるそう、眠そう、目が赤い、発疹がある、ぶつけた痕があるなど、気づいたことはその場で保護者に確認します。

　そして、保護者が安心して気持ちよく仕事に出かけられるよう「いってらっしゃい」と子どもと笑顔で送り出します。

・通常保育の準備、登園　　8：00

　8時を過ぎると、早番以外の保育者も出勤してきます。早番の保育者は、保護者からの連絡事項を伝え、その日の子どもの体調や朝からの様子を引き継ぎます。担当保育者は、早番の保育者から得た情報をもとに、自分が出勤するよりも早く登園してきた子どもの連絡帳の内容を確認します。

　また、職員室では、手短に職員の代表によるミーティングが開かれます。職員の病欠等による勤務変更や、子どもの欠席理由、感染症発生の情報やその対応、園バス、延長保育利用者の確認、避難訓練や健康診断、来園予定者の確認など、全職員に情報がいきわたるように伝達します。

　3歳未満児のクラスでは、保護者と保育者との間で、連絡帳を毎日やり取りしている園が多くあります。保護者は、昨晩食べた食事の内容や睡眠時間、便の回数や状態、その日の機嫌や家で

のエピソードなどを記入します。園では、保護者から得た情報を手がかりに、園での健康状態やその日の子どもの様子を書き込みます。

　まだ自分の気持ちをうまく言葉で説明できない子どもたちにとって、連絡帳は園と保護者をつなぐ大切な情報源であり、保護者と担当保育者が子どもの活動や経験を通し、ともに成長を喜び合う大切な役目を果たしています。また、連絡帳に書かれた保育者の言葉かけや、子どもの成長を見守る視点は、保護者にとっては子育てのヒントを得る機会にもなります。保育者からの言葉かけや、連絡帳に書かれた子どもの様子から、保護者は子どもの思いに気づいたり、子育ての思い通りにいかない気持ちが慰められたり、勇気づけられたりします。連絡帳は、子育て支援の役割も担っているのです。

　園バスも到着し、保護者と登園する子どもたちも揃います。

•••••••••••••••••••••••••

・午前の活動　　9:00

　午前中は、園庭や保育室、ホールなどで、自分がしたいことを選んで、思い思いに遊びます。保育者と一緒に近くの公園に散歩に行く子どもや、園庭の砂場や遊具で遊ぶ子、ホールでなわとびをして遊ぶ子もいます。

＜乳児クラス＞

　乳児は、月齢による発達の違いや、入所時期の違いによる保育環境の慣れ具合など、個人差が目立ちます。そのため保育者は、個々の月齢、発達、生活リズムに合わせ、授乳、離乳食、おむつ交換、睡眠など、一人ひとりの必要に応じた対応を随時行います。それぞれにふさわしい、興味や関心に合った環境を整え、テラスで外気浴をしたり、ふれあい遊びをするなど、子どもとのかかわりを楽しみながら成長を見守ります。

＜1・2歳児クラス＞

　保育所に慣れた子どもは、登園すると、着替えを自分のロッカーにしまい、タオルをかけるなど、自分から朝の支度を整えるようになります。しかし、まだ乳児と同じく、発達の個人差に加え、入所時期の違いにより、保育所生活の慣れにも大きな差があります。自己主張がはっきりしてくる年齢でもあることから、入所間もない子どもに対して保育者は、子どもの気持ちを受け止め、寄り添う、とくにていねいな対応が求められます。幼児食やおむつ交換、トイレでの排泄など、それぞれの子どもの発達段階や、その日の子どもの調子に合わせて寄り添います。

＜3歳以上児クラス＞

　園にも少しずつ慣れ、心身の発達とともに行動範囲が広がっていきます。子どもの興味や関心を大切にしたていねいなかかわりとともに、十分に体を動かす体験の中で、体の動きが調整できるよう援助します。また、その際、安全に遊べるよう配慮し、それを子どもにも伝えることにより、子ども自らが考え、安全に活動できるように見守ります。

　徐々に友達と遊ぶことも増えますが、自分の気持ちをうまく伝えられずトラブルになることも多いため、相手の気持ちを理解し受け止めていけるような援助も必要です。5歳ごろになると、大人数でルールのある遊びを楽しんだり、トラブルになっても子ども同士で話し合い、解決できることも増えていきます。

＜散 歩＞

　外に散歩に出かけるときには、複数の保育者が引率します。引率時には、緊急連絡に必要な携帯電話や、擦り傷や切り傷、虫刺されなどの手当てのために必要な応急セットもリュックに入れます。

　出発時や途中場所が変わるとき、帰るとき、保育者はその都度子どもの人数を確認します。また、交通事故や不審者だけではなく、散歩の途中に障害物やハチの巣がないかなど、事前に確認しておくことが大切です。事故や危険から子どもを守ることは、保育者に課せられたもっとも重要な仕事です。

　他にも、急な天候の変化によってどんなことが起こりうるかを考え、安全に柔軟な計画の変更ができるように、綿密な打ち合わせを行います。

　散歩は身近な自然に触れる大切な機会です。カエルやバッタを見つけ、捕まえたり、花を摘んで楽しむ姿も見られます。保育者は、子どもの発見を一緒に驚き、喜んで、子どもの気持ちに寄り添います。

　4・5歳児クラスになると、朝からお弁当をもって少し遠くまで出かけることもあります。

　保育者は、途中にある店や看板、標識、子どもが目にするであろうすべてのものに注意を払い、道路の歩き方や横断歩道の渡り方など、その都度伝えます。行き交う人や植物、昆虫、生き物など、地域の生活環境や自然環境の中で、それぞれの子どもが、その子なりの新たな発見を楽しみ、たくさんのことを感じ取る様子を見守ります。

　保育者は子どもが示す興味や関心から、次はどんな活動につながっていくか考え、保育の計画の見通しを立てます。このように、子どもの感性を広げる機会を準備することも、保育者の大切な役割の一つです。

<園庭での遊び>

　子ども一人ひとりに目を配りながら、それぞれの活動を見守ります。園庭の片隅で丸くなり、友達とダンゴムシを捕まえ数える姿、ブランコやすべり台などの大型遊具や三輪車、サッカーをする姿も見られます。たまに、もめ事が起こることがありますが、子ども同士で解決できるよう、必要に応じた援助をしながら寄り添います。

　砂場では、泥団子をつくったり、カップを並べてケーキ屋さんをはじめる子どももいます。子どもが自分からやりたい遊びを見つけるきっかけとなるよう道具を配置するなど、楽しく夢中になれるしかけを準備します。

　汚れも気にせずシャベルで穴を掘って水を流したり、山をつくって遊ぶ姿も見られます。大

きなダムをつくった子どもたちは、とうとう中に飛び込んでしまいました。十分楽しんだあとは、汚れを落とし、保育者がそれぞれのバスタオルを出すと体を拭いて、着替えをすませて保育室に戻ります。

<畑での活動>

　クラスみんなで畑に行って、苗植えや草刈り、水やりをする日もあります。いつ、何の種をまき、どんな芽が出てくるのか。子どもたちは自分が育てた野菜や花の生長をとても楽しみにしています。

　保育者は、自然カレンダーを作成するなど、地域の自然環境を把握しておく必要があります。

　いつ種まきをするのか、いつごろどんな花をつけるのか、

そこにはどんな虫がやってきて、子どもたちはどんな発見をするのか。何を収穫し、それを使ってどんな料理を楽しむことができるかなど、子どもたちの姿を思い浮かべながら年間の計画を作成します。

　保育者自身の自然をとらえる感性が、子どもたちの豊かな経験と感性の広がりにつながります。

＜保育室での遊び＞

　保育室では、自分の好きな製作や、粘土を楽しむ姿が見られます。クラスの子どもが全員揃ったところで、その日のクラスの活動をはじめる園もあります。

　夏には裸になって、テラスでボディーペインティングをすることもあります。保育者は、そのときどきの季節や気候に応じた活動の中から、子どもたちが十分に体を使って、みんなで一緒に活動する楽しさを味わえるものにはどんなものがあるか、いつ、何を準備するか、どのような導入でどんな活動をするかなど、事前に園内で協議し、計画を立てています。

　クラス全体の一斉活動においても、子どもたちが「やってみたい！」「これ、何だろう？」と興味をもって主体的に取り組める活動内容となるためには、子どもたちの日ごろの興味、関心など、発達段階を把握した保育者の専門性が求められます。

＜ホールでの遊び＞

　ホールでは、大型積み木や段ボールを使って基地をつくったり、なわとびをしたり、鬼ごっこをしたり、コマ回しを楽しむ姿も見られます。子どもたちの遊びの導入や発展を考え、保育者も子どもたちと一緒に遊びます。

　発達の異なる子どもが一緒に走り回るなどして、怪我をすることがないように、３歳未満児のクラスと３歳以上児のクラスとで、スペースや時間を分けて使います。

・おやつ

　まだ一度にたくさんの食事を取れない子どものために、午前中は軽食や水分補給のためのおやつの時間があります。保育者は、子どもに必要な栄養摂取のことだけではなく、食事の際のテーブルの消毒や子どもたちの口拭きタオルの準備、台ふきんの消毒など、集団保育による感染症予防にも注意を払います。子どもたちの家庭生活と園の連続性を視野に、それぞれの子どもの生活リズムや栄養管理など、心身の成長・発達に必要な支援を行っています。

昼食 ••••• 12:00 ••••••••••••••••••••••••••••••••••••

　たっぷり遊んだあとのご飯はとてもおいしく、子どもたちは友達と食べる給食をとても楽しみにしています。保育所、認定こども園では給食、幼稚園でもお弁当やパン給食など、業者から届けられることも多くなりました。

　その日の給食当番の子は、張り切って白衣に着替え、配膳のお手伝いをします。低年齢のクラスでは、食事の前に保育者がついてトイレをすませ、手指をしっかり洗います。保育者は手洗いの徹底やテーブルの消毒など、衛生管理に気を配ります。

　子どもたちはバランスの取れたおいしい食事をいただきながら、食事のマナーも身につけていきます。

　園では、ミルクを飲んでいた子どもが徐々に食べられるようになる過程（離乳）やアレルギー対応等を、家庭と連絡帳を交わしながら支えます。とくに子どもの命にかかわる危険があることから、食事をのどに詰まらせないように、食物アレルギーを発症することがないように注意を払います。

　食物アレルギーのある子どもは、かかりつけ医の指示書を確認し、誤食がないよう家庭と連絡を取り、その日の献立表も入念に確認します。担当保育者だけではなく、栄養士や調理員等、全職員と情報を共有して保育にあたります。除去食や代替え食であることがわかりやすいように食器やプレートの色を変える、ラップに名前を書く、隣の子どもの給食を間違えて口にすることがないように机を離したり、保育者の隣で食べたりするなど、細かな注意を払います。

　食後は子どもたちの口のまわりをきれいに拭き取り、歯みがきをするなど、基本的生活習慣を身につける援助もします。食器の後片づけをし、床に落ちた食べこぼしを拾い、素早くそうじをして午後の活動に備えます。

••••••••••••••••••••••••••••••••

・午後の活動　13:00

　食事やそれぞれの後片づけが終わると、少しゆった
りした時間を過ごします。自分の好きなコーナーに行
き絵本を読んだり、絵を描いたりする姿も見られます。

　保育者は、子どもにお話や絵本、紙芝居を読んで聞
かせることもあります。子どもが経験したことや、興
味を抱いていること、もっと知りたいと思っているこ
とや、ファンタジーの世界など、保育者はそのときど
きの子どもの気持ちを感じ取り題材を選びます。

　このあと、幼稚園または認定こども園の短時間利用
の子どもは、降園します。預かり保育を実施している
園では、そのあとの時間を過ごす部屋に移動します。

・午睡

　保育所では午睡の時間があります。成長に伴い睡眠のリズムが整い、3歳ごろになると午睡を
しない子どもも増えます。3歳未満児は昼食後12時すぎから、3歳以上児は午睡をする子ども
は午後1時くらいから、トイレをすませ、午睡の準備をはじめます。子どもたちも自分のタオル
ケットをもって、保育者が布団を敷くのを一緒に手伝います。保育者は子どものそばで、やさし
くトントンし、静かに語りかけたり、子守唄をうたったり、子どもが安心して気持ちよく眠りに

つけるよう寄り添います。

　子どもが寝入ったあとも、保育者が子どものそばを離れることはありま
せん。元気だった子どもが睡眠中に突然死する乳幼児突然死症候群（SIDS：
Sudden Infant Death Syndrome）のリスクを避けるため、子どもがきち
んと息をしているか、仰向けで寝ているかなど、常に安全を確認します。
とくにリスクが高いとされるうつ伏せ寝の子どもは、保育者が仰向けに直
します。子どもが目覚めるまで、乳児では5分、1・2歳児は10分間隔
を目安に、一人ずつ呼吸や顔色、姿勢などを確認し記録に残します。

＜連絡帳の記入＞

　保育者は、午睡中の見守りを交代しながら連絡帳を書いたり、休憩を取ったり、ミーティング
を開くこともあります。連絡帳には、昼食の喫食状況や、その日保育者が気になったいつもと違
う体調の変化とともに、散歩中のエピソード、子どものつぶやきなどを記入します。

・おやつ　15:00

　午睡から目覚めると、子どもたちが楽しみにしているおやつです。子どもにとっておやつは、
一日に必要な栄養素やエネルギー量、水分補給を補う大切な食事の一つです。季節の野菜や果物
など、季節感を感じることのできる手づくりおやつもあります。昼食と同じくアレルギー対策を
しっかり行います。幼稚園も預かり保育ではおやつの時間がありますが、園が提供する、家から
持参するなど、形態は園によりさまざまです。

・降園準備

　降園時間が近づくと、子どもたちは降園準備をはじめ、延長保育の子どもは別室へ移動します。保育者は一人ひとりの体調や怪我の有無をあらためて確認し、バス通園の子どもの保護者への連絡事項はバスに同乗する保育者に伝えます。担当クラスは違っても、その日にあった出来事は、全職員間で情報が共有されていることが大切です。

・降　園

　保育者は明るい笑顔で仕事帰りの保護者を迎えます。このわずかな時間は、保育者と保護者が顔を合わせて心を通わせる貴重な時間です。その日の出来事をうまく言葉で伝えることのできない子どもに代わって、保育者が様子を伝えます。おもしろかったこと、発見したこと、がんばったことなどをそばで聞くと、子どもはとても満ち足りた気持ちになります。また、保護者もその日の様子を聞くことで、帰宅後も子どもが伝えたい内容を、スムーズに理解することができます。こうした一つ一つの対応が、子育て中の保護者を支えることにつながります。

　保護者の迎えが一段落すると、保育者は延長保育の担当保育者に必要な引き継ぎをすませ、保育室の整理や園内のそうじ、遊具やふきんの消毒を行います。また、翌日の活動を見通して園内の環境を整え準備します。

延長保育 ・・・・ 17：00 ・・・・・・・・・・・・・・・・・・・・・・・・・・・・・・・

　午後5時を過ぎるころ、園で遊ぶ子どもたちは、だいぶ少なくなります。朝から長い時間を過ごした子どもたちがゆったり過ごせるように、保育者は家庭的な雰囲気を心がけて過ごします。迎えが、午後8時近くになる子どももいることから、多くの園では夕方の補食を用意しています。
　だんだん友達が少なくなっていき、子どもが心細い思いをしないよう、保育者は子どもの様子を見ながら、さまざまな働きかけをして保護者の迎えを待ちます。最後の子どもを見送ると、翌日の保育に備えて引き継ぎ簿を事務室に置きます。そして、園内を見回り施錠の確認をします。

＜保育の省察＞

　子どもたちが帰ったあとも、さまざまな仕事に取り組みます。その日一日を振り返り、子どもたちの様子に思いをめぐらせながら、保育日誌を書きます。書きながら他の保育者とお互いの情報を伝え合い、ていねいに記録に残します。体の不調や怪我などは、その日のうちに保護者にきちんと状況を説明しなければなりません。どのようなことが、怪我を招いてしまったのか、重大事故につながらないよう日ごろからどんな取り組みが必要か、「ヒヤリハット」の経験を職員会議で報告し、全職員に情報が共有されるよう工夫しています。保育者は、自分が受けもつ子どもの保育だけではなく、園全体を視野に、一人ひとりの子どもと保護者、その背景にある家庭環境を把握し、守秘義務を徹底する中で、子どもの最善の利益につながる働きに力を注ぎます。

施設で働く保育者の一日

1 施設で働く保育者の仕事

　保育士が働く施設には、保育所等の児童福祉施設の他に社会福祉施設も含まれます。児童福祉施設には、乳児院、母子生活支援施設、児童養護施設、障害児入所施設、児童発達支援センター、児童心理治療施設、児童自立支援施設、児童厚生施設があります。また、社会福祉施設には、障害者支援施設、指定障害福祉サービス事業所や児童相談所一時保護施設があります。

　ここでは、ある児童養護施設で働く保育者の一日を追ってみましょう。この施設では、保育士の他、施設長、事務長、児童指導員、家庭支援専門員、栄養士、調理員、看護師、心理療法担当職員が勤務しています。

　児童養護施設は、「保護者のない児童（中略）、虐待されている児童その他環境上養護を要する児童を入所させて、これを養護し、あわせて退所した者に対する相談その他の自立のための援助を行うことを目的とする施設」（児童福祉法第41条）であり、24時間職員が配置されるよう勤務ローテーションを組み、施設内で子どもとともに生活をします。この施設の例では、早番は午前6時〜午後2時まで、中番は午前9時〜午後5時、遅番は午後1時30分〜午後9時30分までの勤務時間帯があります。午後3時30分〜翌日の正午まで勤務する当直もあります。休日は、土日祝日とは限りません。当直明けの休みと有給休暇を組み合わせて連休も取れるよう、職員の希望を取り入れながら勤務表が作成されます。

　それでは、ある児童養護施設で働く保育者の一日を場面ごとに見ていきましょう。

2 ある児童養護施設の保育者の一日

起床〜登園・登校 ••••••••••••••••••••••••••••••••••••••

・出勤　6:00

　職員は出勤すると、動きやすい服装に着替えます。幼い子どもを担当する職員は、ティッシュペーパーがすぐに取り出せる、ポケットのついたエプロンをつけたりします。また、サッカーなどスポーツをするときには、スポーツに適したズボンを履きます。

　思春期の子どもも入所しているので、肌の露出に気をつけ、社会人としての見本になるような身支度を心がけています。また、子どもと外出するときには、普段よりも少しよいものを着るなど、日常と特別な日とのメリハリを子どもたちが感じ取れるよう配慮します。

・起床　6：30

元気よく声をかけ、子どもたちを起こします。一緒に布団をたたみ、着替えを手伝うと、登園、登校の準備をはじめます。洗濯室では、職員が汚れたパジャマや布団を洗濯機にかけ、シーツや毛布も施設の取り決めに従い洗濯します。洗面所では、女の子の髪をとかす姿も見られます。

・朝のそうじ

朝の支度をすませると、職員も一緒にそれぞれの分担場所をきれいにそうじします。

・朝食　7：00

調理員は他の職員よりも早く出勤し、朝食の準備をしています。7時になるとみんな食堂に集まって、朝食を食べます。職員は、楽しく会話しながらも、箸の持ち方や食器の配置、ひじをついて食べないなどの食事のマナーも伝えます。

・登園、登校の準備

食事が終わると中高生は各自登校していきます。小学生は登校班に分かれて、職員も学校までついて安全を見届けます。幼稚園に行く子どもたちは、食後の歯みがきや登園準備を整えて、職員が運転する車で送ります。まだ入園していない低年齢の子どもは、施設内の保育室や園庭で職員と一緒に過ごします。

・そうじ、ミーティング

子どもたちを送り出したあと、職員は布団干しや洗濯、トイレそうじ、衣類の整理などを行います。また、職員のミーティングでは、昨晩からの引き継ぎ、今日の予定や、それぞれの子どもの生活状況、留意事項、保護者との面会予定、学校や幼稚園からの連絡、関係機関からの情報などを職員間で確認します。

・昼食、午睡　11：45

　施設内の子どもと職員で昼食を食べます。体調不良等で学校を休んでいる子どもには、部屋まで食事を運び、水分補給や着替えなど、看護師等の職員と連携して看病します。

　昼食が終わると、子どもは職員に絵本を読んでもらうなどしながら、おやつの時間まで午睡します。

・引き継ぎ　13：30

　遅番の職員が出勤すると、朝から勤務する職員との引き継ぎを行います。連絡事項や子どもの体調に関することなど、気になる点を伝達するとともに、その日の業務記録をつけます。

・片づけ、整理

　引き継ぎが終わると、園庭の整備や担当する子どもの部屋の片づけ、洗濯物やタンスの整理、ボタンつけなどの縫い物の仕事もあります。また、幼稚園や学校へもたせる備品を揃え、持ち物にも名前を書きます。

・おやつ、宿題　15：00

　3時ごろ、幼稚園に迎えに行った職員が子どもと一緒に帰ってきます。職員は子どもたちの着替えを手伝い、午睡から目覚めた子どもも一緒におやつを食べます。（施設内で過ごす低年齢の子どもは 10 時にもおやつを食べます）

　3時半ごろになると小学生が帰ってきて、一気ににぎやかになります。職員は、小学生の宿題に付き合います。職員は、マイナスな言葉かけをしないよう、とくに気をつけています。大切にされ、いつもそばで見守り、手を差し伸べてくれる大人がいる安心できる生活の中で、人との信頼関係を築き、徐々に自立に向けて力をつけてほしいと願っています。

・夕方のそうじ　17：00

　下校した子どもは、職員に学校での様子を話したり、友達と一緒にピアノを弾いたりと自由に過ごしたあと、夕方のそうじをはじめます。施設では、規則正しい生活リズムを大切にしています。子どもの中には、起床時間や睡眠時間、食事の回数も定まらない生活をしていた子が多くいます。また、きちんと整理整頓された家庭環境で過ごしていない子もいます。そのため、そうじは基本的生活習慣を身につけるための大切な時間として、職員も一緒に取り組みます。

夕食〜消灯 ･･･

・夕食　18：00

　施設では、大勢の子どもが同じ建物で生活する大舎制と、少人数のグループで、より家庭に近い生活をするユニット型などがあり、近年は、ユニット型や小規模施設などの、少人数の家庭的な養育が推進されています。この施設でもユニット型で過ごす子どもは、職員とメニューを決め、買い物をして、夕食をつくります。こうした経験を通して、材料となる食材がどこで、いくらで売っているのか、バランスの取れた献立や料理の手順も学びます。

　職員は、子どもがいつかは施設を離れ、自分自身で考え、決断しながら社会の中で生活していかなくてはならないことを意識しています。そのため、もっとも身近なモデルとなる職員自身も、常識ある行動、態度を心がけ、身なりにも気をつけて接します。いつも子どもの将来を見据え、基本的生活習慣や知識、社会的常識、金銭感覚が養われるよう、留意しています。

・入浴

　夕食後は、幼児、小学生、中学生、と年齢の低い子どもから先に入浴します。職員は援助の必要な子どもの体を洗い、着替えを手伝います。ユニット型で生活している子どもは、各ユニットのお風呂に入ります。中学生になると、着替えのあとの洗濯も各ユニットの洗濯機で行います。お風呂そうじやトイレそうじなども、ユニット内で当番を決めて行います。

　中学生や高校生は塾に行くため、夕食や入浴が遅くなります。職員は、帰りが遅くなる子どものために温かい食事を用意し、入浴して気持ちよく休めるよう工夫しています。

・消灯

　午後8時の消灯時間が近づくと、職員は子どもに絵本を読み聞かせ、安心して眠りにつけるよう寄り添います。9時には小学生が就寝します。10時になると中学生、高校生はそれぞれ自室に戻ります。テスト前や受験生は、遅くまで勉強する場合もあります。職員は、子どもたちが全員眠りにつくまで見届けます。

　施設全体を見回り、施錠などの安全管理を確認します。そして、一日の業務の記録を残し、どんな緊急事態にも対応できる態勢を整えて、当直の業務にあたります。

5章 保育者・教育者に必要な資質・専門性

§1 保育者の資質

1 保育者に必要な資質とは

　保育者に必要な資質とはどのようなものなのでしょうか。1999（平成11）年に改訂された保育指針によると、保育士の資質は「常に研修などを通して、自ら、人間性と専門性の向上に努める必要がある。また、倫理観に裏付けられた知性と技術を備え、豊かな感性と愛情を持って、一人一人の子どもに関わらなければならない」とあります。さらに、2017（平成29）年に改定された保育指針によると、「保育所は、質の高い保育を展開するため、絶えず、一人一人の職員についての資質向上及び職員全体の専門性の向上を図るよう努めなければならない」とされ、保育士個々の専門性がより求められるようになったことが伺えます。2018（平成30）年の幼稚園教育要領解説にも「幼児一人一人に応じた指導をするには、教師が幼児の行動に温かい関心を寄せる、心の動きに応答する、共に考えるなどの基本的な姿勢で保育に臨むことが重要である」[1]と明記されており、保育者として必要な姿勢が示されています。

　また、2002（平成14）年の「幼稚園教員の資質向上について―自ら学ぶ幼稚園教員のために」[2]では、幼稚園の教員の資質を「幼児教育に対する情熱と使命感に立脚した、知識や技術、能力の総体」ととらえています。つまり保育者として必要な資質とは、学び続け、努力しながら身につけるものであるということがいえます。

　みなさんはきっと保育者になるためには、子どもが好きで、子どもとともに遊ぶことができて、さらにピアノも弾けて……というように頭の中で考えているかもしれません。そ

れらについても確かに大切なことですが、それだけではありません。目の前にいる子ども
をしっかり観察しながら、子どもの発言やふるまい、行動などに注視しながら、どのよう
に接したらよいのか、しっかり考える姿勢が必要になるのです。

2　保育者として身につけておきたい資質

では、保育者として実際にどのような資質が求められるのか、具体的に以下の7つにつ
いて確認していきましょう。

（1）子どもが好きである

園には、0歳の赤ちゃんから小学校就学前の幼児まで年齢や成長段階の異なる子どもた
ちがいます。それぞれの子どもはみんな個性があり、同じ性格でもありません。ときには
予想外の行動を取ったり、予期せぬ出来事に遭遇することも多々あります。

このようにさまざまな姿を見せる子どもたちを心から「好き」と思え、そして子どもの
成長を心から楽しめるような姿勢が保育者には重要です。

（2）愛情をもってかかわることができる

先述したように、保育者は子どもの年齢や性別に関係なく、「子どもが好き」であるこ
とは大切ですが、ただ好きなだけではなく、愛情をもって子どもたちに接することが求め
られます。日常の保育は子どもたちと明るく楽しく活動することばかりではありません。
子どもたちが危険な行動をしてしまったときなどには、危険であることをしっかりと伝
える必要もあるでしょう。そのような場面でも「そんなことしちゃダメでしょ」「やめな
さい」などの禁止語や命令語、指示語は極力使用しないように、「こうすると○○になっ
ちゃうから気をつけようね」「ここは○○で危ないから違うところで遊ぼうね」など、な
ぜ危険なのかなどの理由も伝えながら、言葉をかけるようにしましょう。どのような場面
であっても保育者として子どもの将来を見据え、愛情をもってかかわることを大切にしま
しょう。

（3）どんな子どもに対しても、分け隔てしない

日本国憲法の第14条には「法の下の平等」が明記されています。そこでは、その人の
生まれた境遇（人種、信条、性別、社会的身分または門地）で差別されてはいけないと書かれ
ています。

当然、保育者としても目の前にいる子どもたちを差別することは許されません。園には、
さまざまな子どもたちが存在しています。昨今では、日本には多くの外国人が住むように
なり、外国籍の子どもたちを目にすることもきっと多いのではないでしょうか。また障害
のある子どもたちも存在しています。このようなさまざまな子どもたちに対して、一人ひ
とりの生育歴や背景をしっかりと理解し分け隔てなくかかわっていく姿勢が、保育者とし

ては重要です。また、生まれや顔や髪の毛の色、皮膚の色が違うから同じ行動ができない
など、子どもたちが自分と違うからなどという理由で差別しないようかかわっていくこと
も大切です。それぞれの違いはその子一人ひとりの個性であり、むしろ「みんなも一人ひ
とり異なるのだから同じ」といった考えを子どもたちにもってもらえるようなかかわりが
保育者には必要なことです。

（4）前向きで、積極的である

　保育者は子どもたちに対して明るく笑顔で接することも必要でしょう。保育者がいつも
暗い表情で子どもたちにかかわっていたら、子どもも不安になってしまいます。保育者の
姿を見て、子どもたちは成長していきます。常に笑顔を心がけ子どもと接することで、子
どもたちは安心し、保育者に対して親しみをもちやすくなるのです。子どもたちは、大人
が思っている以上にいろいろなことを見たり感じ取ったりしていますので、保育者の発言
や動作にも敏感に気づくことも多いものです。そのため、表面的にただ元気で明るいだけ
ではなく、心の底から子どもたちと遊びなどを楽しみ、自然と笑顔が出るようなかかわり
を心がけましょう。

　また、子どもたちと積極的に遊ぶなど前向きな姿勢で取り組むことも必要です。苦手な
ことでも前向きに積極的に取り組むことで、自信につながることもあるのです。そしてそ
のように取り組む保育者の姿は、子どもとの距離を縮めるには絶好のチャンスになります。
前向きに積極的にトライする姿勢をもちましょう。　　　　　　　　　　．

（5）強い気持ちをもち、成長できる

　保育者と子どもに信頼関係があったとしても、常に
保育者自身が願うようなかかわりができるとは限りま
せん。先も述べましたが、子どもはそのときどきにお
いて、保育者の予想外の行動を取ったりすることがあ
るものです。子どもへの対応がうまくいかないことも
あるでしょう。また、保護者とのかかわりも多く、信
頼関係をつくっていくことが求められますが、さまざ
まな考え方の保護者もいるため、小言や愚痴をはじめ、
厳しい意見などを伝えられることもあるかもしれませ

ん。保育者も人間ですので、このような状況が多くなれば、自信を失うことになったり、
ひどく落ち込むこともあるかもしれません。このようなときには、「もう先生を辞めよう」
と考えるのではなく、「失敗して成長する」という前向きな心をもつことが大切になりま
す。あるプロ野球の元監督は、「失敗と書いて、成長と読む」[3] という言葉を残しています。
プロ野球の選手たちも、いつも素晴らしい成績を残せることはありません。この監督は、

野球の打撃や守備においてミスをした選手に対し、その失敗を繰り返すのではなく、糧として成長につなげることが大切であり、前向きに取り組むことが大切である、と伝えていたのだそうです。これは保育者の姿勢としても同様だと考えます。

　保育者になると、さまざまな経験をしていくことになりますが、保育者を目指そうとするみなさんにはチャンスは無限に広がっています。希望をもって一歩一歩進み、成長する姿勢を持ち続けましょう。

（6）体力と幅広い視野をもつ

　保育者は日々、多くの子どもたちとかかわっています。少人数のかかわりだけではなく、10人を超えるような複数の子どもたちと遊ぶなど、体力は当然ながら必要になってきます。三食の食事はきちんと取り、次の日に疲れが残らないようにするため、しっかりとした睡眠時間の確保も忘れてはならないでしょう。

　しかし体力が必要になるだけでなく、子どもたちを見守るための幅広い視野も大事になります。保育者は常に子どもたち全体に目を配り、危険から子どもたちを守り、安全な生活を送ることができるように配慮することも必要でしょう。

（7）さまざまな仕事を行いチームプレーができる

　保育者は、子どもとかかわりながら、保育前の準備や清掃、指導案作成や保育記録などと直接子どもとかかわる以外のさまざまな仕事を行っています。保育者個人で行う仕事もありますが、多くの仕事は仲間の保育者や職員と協力しながら、行っていくことが大切になります。保育者同士や職員、保護者をチームと考え、協力していく姿勢が重要です。そのような姿勢がもてず、うまく連携できなければ、仕事はそこで止まってしまい、全体に大きな迷惑をかけてしまうことも少なくありません。子どもに何か問題が生じた際なども保育者同士が連携することで、どうしたらよいのかを冷静に判断し、行動できる体制を整えておくことも必要でしょう。園全体で「子どもをみんなで育てる」という気持ちを大切にしていきましょう。

　ここでは7つの項目をあげてみましたが、みなさんはいくつあてはまったでしょうか。もし今、ここにあげたような姿勢をもつことができていなくても、将来の生活を通じて意識し、身につくよう努力ができればよいことです。ここにあげたような姿勢をもつことで、今後のみなさんの保育者としての資質を伸ばしていってほしいと考えます。

　筆者が以前お世話になった保育所の保育士経験年数20年以上の主任の先生の言葉で「子どもの保育にもし迷うことがあれば、いつでも保育の基本に立ち返ること」というものがあります。保育の基本は子どもをしっかりと見ることです。どんなに経験を重ねても基本作業は怠らないという立派な格言といえます。この格言にも保育者として必要な資質を見ることができると思います。

§2 保育者の専門性

1 保育の専門職としての理念

　児童福祉法の第2条には「全て国民は、児童が良好な環境において生まれ、かつ、社会のあらゆる分野において、児童の年齢及び発達の程度に応じて、その意見が尊重され、その最善の利益が優先して考慮され、心身ともに健やかに育成されるよう努めなければならない」と示されており、また教育基本法の第4条においては、「すべて国民は、ひとしく、その能力に応じた教育を受ける機会を与えられなければならず、人種、信条、性別、社会的身分、経済的地位又は門地によって、教育上差別されない」と示されています。これらの法律に明記されている通り、すべての子どもは最善の利益や心身の健やかな育ち、そして教育を受ける権利が保障されているのです[4]。

　園に通う子どもも当然、これらの権利が保障されていることになります。子どもの園生活や学びを支えるのは保育者の仕事であり、それは保育者の責務ともいえます。保育の専門職として、この基本的な理念を忘れてはならないでしょう。

　保育者は子どもの成長を支援するために欠かせない存在です。保育者の日々求められている専門性については、2章の保育者の倫理で取り上げた「全国保育士会倫理綱領」（本書 p.23 参照）からも確認することができます。ここには、保育に求められる役割や倫理の他、自らの人間性や専門性の向上についての願いが込められていますので、保育者を目指すみなさんは、あらためて確認しておきましょう。

2 保育の専門職としての知識

　子どもに対する援助や支援には、「1＋1＝2」などの正解がありません。子どもがこんなふうに思っているのではないかと思いかかわっても、実際の子どもの要求と異なることもあるでしょう。しかし、保育者は子どものよりよい育ちを求めて日々実践を行っていかなければなりません。保育者は一人ひとりの子どもの思いを理解しようと努め、どのように育ってほしいかという願いをもち、保育をする必要があります。そして、その子どもに合ったよりよい援助を行うためには、子どもの発達段階を理解しておく必要もありますし、どのような手立てで子どもの思いを実現しようとするかの知識も必要となってきます。さらには安全な環境構成も求められますし、子どもの園での育ちを適切に保護者に伝える知識も必要です。これらの知識は子どもの心理学や保育内容、子育て支援などであったりと多くを養成校でも学びますが、むしろ保育現場に出て、実際の子どもとかかわる中でさ

らに学びを深めていくことのほうが重要となります。これらの保育に関する専門的知識が
しっかりと身についていることは、保育者としての専門性の一つといえるでしょう。

③ 保育の専門職としての技術

　上述したように、保育の専門的な知識を身につけることは重要ですが、それだけでは保
育を実践することができません。その知識をどのように日々の保育に実践することができ
るか、その技術が伴ってはじめて意味があります。たとえば、5歳児クラスの園庭での鬼
ごっこ遊びがうまくいかず、子どもたちが何か他の遊びを探していたとします。保育者と
しては、異なる遊びを提案しようと考えることもあるでしょう。そのときに遊んでいる子
どもの姿や思い、発達の特性等が理解できていなければ適切な援助を行うことはできませ
ん。5歳児の発達が理解できていれば、鬼ごっこを楽しんでいた状況からフルーツバス
ケット等の異なるルールのある遊びを提案することもできるでしょうし、遊びに参加した
いけど入ることができない子どもがいれば、異なる遊びを提案するタイミングで保育者が
一緒に入るなどの対応も考えられます。そして多くの運動遊びを理解していれば、提案す
る遊びの幅も広がります。保育者はそのときどきの子どもの興味・関心に合わせた援助を
行う必要があります。そのためには、保育の専門的な知識に基づいた実践できる保育技術
が必要です。どのように援助したらよいのか、具体的な言葉かけやかかわり方はどのよう
にすればよいか、どのような絵本や手遊びに興味をもっているのか、どのような環境構成
が必要か、また、子どもとのかかわり以外にも保護者への対応の仕方など、その技術は多
岐にわたります。これらの技術を実践できる力も保育者としての必要な専門性の一つです。
　ここでは、保育の専門職としての理念、知識、技術について確認してきましたが、13
章（本書 p.124～125 参照）でも保育所保育指針解説などから、保育者の専門性について解
説していますので、あわせて確認しておきましょう。

④ 学生時代から学びを広げる

　保育者の専門性について確認してきましたが、みなさんは現在、保育者養成校に入学を
果たし、保育者になるために必要な科目などを学んでいます。この学生時代に、みなさん
はどのようなことを意識してこれらの専門性を高めることへとつなげることができるか考
えていきたいと思います。

（1）保育者養成校での学びをおろそかにしない

　今、みなさんが保育者になるために学んでいるさまざまな科目の授業での学びについて、
おろそかにしてはいけません。先に述べたように養成校での学びが保育者の専門性を身に
つけるスタートともいえるからです。養成校での学びは、授業だけではなく、保育実習や

教育実習など学内以外の授業もありますし、多くの学びを身につけ専門性を高めることができるのです。この日々の養成校で学ぶ知識や技術を学生時代に確実に身につけ、保育者になっていってほしいと思います。

（2）ボランティアなどのさまざまな経験をする

学生時代は養成校での学びの時間以外も多くあるかと思います。この期間にさまざまな経験をし視野を広げることも大切です。たとえば「ボランティア活動」を積極的に行うこともよいでしょう。園などでは、すべてではないですが、ボランティアを募集しています。ボランティアの期間は1日から数日間、1週間、1か月など、さまざまな期間があると思いますので、ぜひ体験してみましょう。

もし保育現場などのボランティアに参加できる場合は、保育現場の先生方も日々の忙しい仕事の中、みなさんに一生懸命指導してくださることをしっかり受け止めて、多くの経験ができるよう、子どもにかかわるようにしましょう。これらの保育現場などでのボランティアの経験は養成校で行う保育実習や教育実習の「プレ実習」としても役立ちます。ぜひ学生時代の時間を有効に活用し、積極的に参加してみましょう。

コラム　"養護＋教育＝保育" という方程式と「教育」という漢字の成り立ち

みなさんは「保育する」とか「教育する」とはどのようなことであると思いますか。「保育をする」といっても、生まれて間もない赤ちゃんから、小学校入学前の幼児に至るまで、子どもの成長段階には大きな幅があります。保育指針には「養護」とは「子どもの生命の保持及び情緒の安定を図るために保育士等が行う援助や関わり」とあり、「教育」とは「子どもが健やかに成長し、その活動がより豊かに展開されるための発達の援助」と示されています。養護と教育は切り離せるものではなく、養護が基本にあって教育が展開されていきます。

そもそも「教育」という文字の成り立ちについて紹介したいと思います。由来は中国で「教」とは1つの部屋にいる子どもに鞭を使って叱咤激励するという意味があるそうです。①の「教」の旧字体を見てみると、左側の「×」は「木」を表し、「××」となっていることから、「木でできた屋根」ととらえることができます。その下に「𠳐」とあり、これは「子ども」を表し、右側は「鞭」を表します。すなわち子どもを親もしくは教師が一生懸命、子どものために教え導くことであり、そこには深い愛情と教える熱意が存在するのです。次に②の「育」の旧字体を見てみると文字の上側の「古」とあり、これは「子ども」を表しています。頭が下で体が上になっているのですね。そして下側の「月」については、これは「にくづき」を表しています。「にくづき」→「にくがつく」→「育つ、成長する」ということなのでしょう。すなわち「育」については、母親のおなかの中から赤ちゃんが飛び出してきたところから、すでに育てるという意味がはじまっており、乳児、幼児と成長するさまを表しているといわれています。つまり「教育」という言葉は、中国の漢字に見られるように古い時代からあった言葉ということがわかります。

① 「教」の旧字体

② 「育」の旧字体

白川静『常用字解』
平凡社、2003

§3　保育者の専門性の向上

1　保育における専門性の向上

　前節でも述べたように、保育者は日々仕事を行いながらも、高い専門性が求められます。保育者の専門性の向上のためには、保育者一人ひとりの日々の学び、自己研鑽が重要となります。自己研鑽とは、自身を鍛え学問などの特定の分野のスキルを高めることです。たとえば、保育に関連する書籍を読み知識の幅を広げたり、新しい手遊びを覚える、絵本の読み聞かせのレパートリーを増やすなどの保育技術を習得することも保育の専門性を高めるための自己研鑽といえるでしょう。このように保育者個人の専門性の向上が保育全体の質を高めていくことにつながりますので、一人ひとりの日々の努力はとても大切です。

　保育者個人の専門性の向上だけではなく、さまざまな研修も保育の場において求められています。研修とはそもそも研究と修養のことをいい、子どもの成長や発達を理解しながら、保育のあり方や方法などを習得することです。修養とは、保育者としての自らの価値観、教育観や保育観の土台となっている人間性を高めることです。

　研修といっても種類はさまざまで、園内で行われる園内研修もあれば、園外で行われる研修会への参加など多岐にわたります。研修については13章（本書 p.127 〜 133 参照）で詳しく学びますが、地方公務員法の第39条や教育公務員特例法の第21条および第22条に基づき、研究と修養に努めることが明記されています。さらに研修を受講する機会を得ることや、勤務場所を離れて研修を行うことが可能であるとも記されているため、保育者にとって研修は大切な仕事の一つといえます。研修への参加は、保育者個人の専門性の向上だけではなく、園全体の向上にもつながるものとなります。

　日々の自己研鑽や各研修への参加は、より高い専門性を身につけ、さらに保育者が必要な教養を習得する機会にもなります。能の大成者、世阿弥の『花鏡』に「初心忘るべからず」とありますが、保育者が初心に立ち返ることができる有効な機会でもあります。

2　保育の計画と実践

（1）全体的な計画・教育課程・指導計画とカリキュラム・マネジメント

　園では保育目標や教育目標を実現するために、子どもたちの園生活において、どのような保育を展開するのかを示した「全体的な計画」や「教育課程」を編成します。そして全体的な計画や教育課程に基づき、各指導計画を作成します。指導計画には、全体的な計画や教育課程に基づいた保育が展開されるよう具体的な見通しを示した「長期指導計画」と

図表 5-1　学習指導要領総則の構造とカリキュラム
　　　　　・マネジメントのイメージ

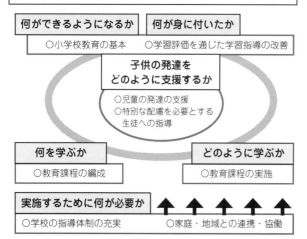

教育課程の構造や、新しい時代に求められる資質・能力の在り方等について、**すべての教職員**が校内研修や多様な研修の場を通じて**理解を深めることができるよう**、「何ができるようになるか」「何を学ぶか」「どのように学ぶか」の視点から**学習指導要領の要**であり、**教育課程に関する基本原則を示す「総則」を抜本的に改善し、**必要な事項を**分かりやすく整理。**

何ができるようになるか　　**何が身に付いたか**
　○小学校教育の基本　　○学習評価を通じた学習指導の改善

**子供の発達を
どのように支援するか**
　○児童の発達の支援
　○特別な配慮を必要とする
　　生徒への指導

何を学ぶか　　　　　　　　**どのように学ぶか**
　○教育課程の編成　　　　　　　○教育課程の実施

実施するために何が必要か
　○学校の指導体制の充実　　○家庭・地域との連携・協働

髙木展郎「カリキュラム・マネジメント〜新学習指導要領とこれからの授業づくり〜」独立行政法人教職員支援機構オンライン講座、2019

長期指導計画に基づき、より具体的に子どもの生活などを示した「短期指導計画」があります。長期指導計画は、年間指導計画、期間（期別）指導計画、月間指導計画（月案）があり、短期指導計画は、週間指導計画（週案）、一日指導計画（日案）があります。全体的な計画や教育課程、各指導計画については、カリキュラム論などの科目で学んでいくことになりますが、園で作成されるこれらの計画を十分に理解し保育を実践していくことが重要です。

　2017（平成29）年の保育指針、教育要領、教育・保育要領では、園は「育みたい資質・能力」（本書 p.134 〜 136 参照）の実現に向けて、全体的な計画や教育課程を作成し、各指導計画の計画、実施、評価、改善を組織的かつ計画的に行っていくこと（カリキュラム・マネジメント）の必要性が示されています。つまりこのカリキュラム・マネジメントの視点をもち、各計画を作成し、日々の保育を実践していくことが大切です。

（2）PDCA（計画・実行・省察・改善）サイクルを意識した実践

　全体的な計画や教育課程、各指導計画に基づいた実践を行ったら、次にいかすために反省（省察）を行うことがとても大切です。すなわち「計画」して（Plan）、それを実行に移し（Do）、実行した結果を「省察」して（Check）、改善し次にいかす（Action）、この一連の流れ（PDCAサイクル）こそ、理想とする保育を実現するために必要なことなのです。

　反省を通して自らを振り返ることで、「どうすればもっとうまくいったのか」とか、「ここはこうすべきであった」などとゆっくり時間をかけて考えることができます。忘れてしまうことがないように、気づきなど思いついたことはメモしておくことも有効となります。

図表 5-2　PDCA サイクル

Plan（計画）
・全体的な計画や教育課程、各指導計画
Do（実行）
・計画から実践する
Check（評価）
・省察（自己評価、外部評価）
Action（改善）
・省察から改善する

（3）これから保育者に求められる「カリキュラム・マネジメント」の実現

　今後の保育者に求められる資質・能力とはどのようなものになるのでしょうか。それ

はカリキュラム・マネジメントの能力であるといわれています。上述した通り、2017（平成29）年の保育指針、教育要領、教育・保育要領の改訂（定）では「育みたい資質・能力」が3つの柱としてまとめられ、園と家庭および地域がその資質・能力や教育を通じて、よりよい社会をつくり出そうという目標を互いに共有し、連携・協働するために社会に開かれた全体的な計画や教育課程の必要性が重視されることになっています。

　また子どもたちが「何を学ぶか」に加え「どのように学ぶか」という学習プロセスをもとに「何ができるようになるか」の明確化に重点が置かれることになりました。その中では「主体的・対話的で深い学び」を行うことが求められる、いわゆる「アクティブ・ラーニング」が重視されています。園では子どもたちの実態を踏まえながら、こうした学びを計画・実施し、保育指針、教育要領、教育・保育要領を手がかりとしながら保育の質の向上を目指し、改善を図り続けるカリキュラム・マネジメントの実現が求められるようになっています。

　カリキュラム・マネジメントは、保育者個人だけではなく、園の職員全員で構築していかなければなりません。そのためには保育者の一人ひとりの姿勢が重要となります。2016（平成28）年の文部科学省の「幼児教育部会とりまとめ（案）」には、カリキュラム・マネジメントをとらえる側面として以下のように記されています[5]。

　①（中略）幼児の調和の取れた発達を目指し、幼稚園等の教育目標等を踏まえた総合的な視点で、その目標の達成のために必要な具体的なねらいや内容を組織すること。

　②教育内容の質の向上に向けて、幼児の姿や就学後の状況、家庭や地域の現状等に基づき、教育課程を編成し、実施し、評価して改善を図る一連のPDCAサイクルを確立すること。

　③教育内容と、教育活動に必要な人的・物的資源等を、家庭や地域の外部の資源も含めて活用しながら効果的に組み合わせること。

　ここでは、カリキュラム・マネジメントには幼児教育に携わるすべての人材が幼稚園全体を見通し、幼児教育を皆で協力して実施できるよう、それにふさわしいカリキュラムを作成し、具体的な内容、ねらいについてもそれにふさわしいものにすべきであるとされています。さらに教育内容については、幼稚園だけではなく家庭や社会とも連携を取りながら有効活用すべきであるとされています。

　子どもたちに求められる資質・能力が園から高等学校教育まで一貫したものであることを踏まえ、子どもたちには「主体的・対話的で深い学び」について、遊びを通して総合的に学ぶことが必要とされているということになります。後述しますが「幼児期の終わりまでに育ってほしい姿」（本書p.134～136参照）を踏まえながら、全体的な計画や教育課程を編成し、カリキュラム・マネジメントを意識し実践を行い評価・改善を図ることができる保育者像が求められています。

6章 子どもの成長と発達

子どもの成長・発達と保育者の援助

1 成長・発達する子どもたち

　子どもは、日々成長・発達している存在です。成長とは、体の大きさや形、重さが増加していくことを指します。つまり、身長や体重が増えるなどのことです。一方、発達とは、生体が機能面で変化する、質的に変化していくことを指します。代表的なものとして、運動機能の向上や知的能力、精神機能の向上などです。具体的には、歩く、走る、スキップをするなどの運動機能の向上、言葉が話せるようになるなど知的能力の向上があります。

　成長や発達は、それぞれ単独で進行するものではなく、相互に関連しています。また、乳幼児期の子どもの成長や発達に欠かせないのは、大人とのかかわりです。家庭では、保護者、園では保育者との温かいかかわりを通して安心して過ごすことが可能になり、子ども本来の力を発揮する中で、発達が促進されます。そのため、家庭において、保護者は子どもの成長・発達に合った生活を展開し、また言葉かけや遊びを行っているでしょう。乳幼児期の子どもの成長・発達は著しく、また個人差も大きいため、園において保育者は各年齢の基本的な心身の発達の特性を十分理解することがまず必要です。そのうえで、子どもの成長に見合った運動遊びや働きかけをし、子どもの発達を促すような生活や遊びを展開することが求められています。そして、目の前の子どもの育ちを丸ご

と受け止め、一人ひとりの子どもに合った声かけなど、適切な援助を行っていくことがとても重要となります。

2　子どもの発達

　次頁以降に示す図表6－1は、子どものおおよその発達と保育者の援助についてです。子どもの発達については、現行およびこれまでに示された保育指針（1999、2008、2017）に記されている発達に関する内容を中心に、厚生労働省の「平成22年乳幼児身体発育調査」や「日本版デンバー式発達スクリーニング検査」、「遠城寺乳幼児分析的発達検査表（九州大学小児科改訂版）」などを参考に作成しています。

　保育者が、子どもの発達に応じて適切な援助や遊びを行うことで、子どもは刺激され、子ども同士の集団の中で発達が促されます。なお、ここでの保育者の援助は、保育指針を参考に示しています。2017（平成29）年の保育指針では、「幼児期の終わりまでに育ってほしい姿」（本書 p.134～136参照）に向けた具体的な保育者の援助が明示されています。これは、教育要領や教育・保育要領にもつながるものです。

　ここで示す発達や保育者の援助はあくまでもおおよその目安や一例です。子どもの発達のおおよその流れを理解しておくことは大切なことですが、その年齢の発達特徴のみにとらわれることがないように、一人ひとりの目の前の子ども理解を深め、よりよい保育者としての援助を行っていくことが重要です。

コラム　　発達スクリーニング検査とは

　発達スクリーニング検査とは、もともとある発達の遅れや発達障害などに気づいたり、スクリーニング（事前に検査が必要かどうか振り分ける）したりするための検査のことです。比較的、簡単に実施することができる検査で、乳児健康診査などの場でも用いられたりもしています。ここでは、その代表的な検査を紹介したいと思います。

・日本版デンバー式発達スクリーニング検査

　デンバー式発達スクリーニング検査（DDST）とは、1967年にフランケンバーグ（Frankenburg）らが乳幼児期に発達の遅れや歪みのあるものをスクリーニングする目的で開発したものです。日本では、現在は日本小児保健学会によって、「改訂日本版デンバー式発達スクリーニング検査」（JDDST―R）が活用されています。この検査の特徴は、生後16日から6歳までの乳幼児の発達について「個人―社会」「微細運動―適応」「言語」「粗大運動」の4領域の観察項目から全体的にとらえようとしているところです。

・遠城寺乳幼児分析的発達検査表（九州大学小児科改訂版）

　小児科医である遠城寺宗徳を中心として1958年に標準化され1977年に改訂された「九大小児科改訂版」が現在では活用されています。この検査の特徴は、0か月から4歳8か月までの乳幼児の発達を「運動」「社会性」「言語」の3つの分野から把握し、一人ひとりの子どもに見られる全体的な発達を見ようとするものです。

図表6-1　年齢に応じた子どもの発達と保育者の援助

年齢	心身の発達	遊びの特徴	保育者の援助
0〜3か月	・手足を盛んに動かす ・手を口にもっていきしゃぶる ・あごをもち上げる ・首が据わる ・音に反応する	・手足をばたばたさせて遊ぶ ・手を伸ばすが触れない ・大人にあやしてもらうとほほえむ	・保育者の愛情豊かな受容のもとで生理的、心理的欲求を満たし心地よく生活するよう働きかける ・発育に応じて遊びを通して十分体を動かすよう促す ・食事や睡眠など生活のリズムに合った働きかけをする
4〜6か月	・支えれば座る ・ひざの上に座る ・ものを握る ・高い椅子に座る ・ぶら下がったものをつかむ ・喃語を発する ・音のするほうに目を向けたりする ・自分と他者、自分とものなどの二項関係が見られる	・触れたものを握る ・ガラガラを振る ・自発的につかむ ・あやすと笑う ・音の出るおもちゃで遊ぶ ・いないいないばあを喜ぶ ・簡単な喃語を発して楽しむ ・体を動かすことを楽しむ	・子どもからの働きかけを踏まえた応答的な触れ合いをする ・体の動きや表情、発声、喃語を受け止めながら保育者とのやりとりを楽しむ ・受容的なかかわりを通して自己肯定感が芽生えるよう働きかける ・子どもが興味をもつように身のまわりの生活用具やおもちゃ、絵本などを用意する
7〜12か月	・一人で座る ・家具につかまって立っている ・四つ這いをする ・はいはいをする ・手を引けば歩く ・家具につかまり立ち上がる ・人見知りがはじまる ・初語、一語文が出はじめる ・自分、他者、ものの相互間の三項関係が見られる	・両手にものをもつ ・小さなものをもつ ・バイバイをする ・指さしをする ・模倣をする ・はいはいで動きまわって遊ぶ ・箱や缶の中のものを出し入れして遊ぶ ・「パパ」「ママ」など、初語や一語文を発して大人とのやりとりを楽しむ	・感覚の働きをよくしたり、運動を楽しむようさまざまなものに触れる機会や音、色、感触を楽しむような遊びを展開する ・つまむ、つかむ、引っ張るなど手指を使った遊びや歌やリズムに合わせて手足を動かすような遊びをする ・乳児は疾病への抵抗力が弱いことを認識し、発達状態や健康状態に留意する
1歳1か月〜1歳6か月	・這った状態で階段を上る ・一人で立つ ・一人で歩く ・ボールなどを両手でもち転がしたりする ・スプーンを使う ・コップで飲む ・犬を「ワンワン」、車を「ブーブ」など意味のある言葉を発する ・なぐり描きをする ・自分でしたいという気持ちが芽生える（自我の芽生え）	・積み木を2つ積むことができる ・押す、たたく、並べる、出し入れするなどの指先を使って遊ぶ ・「つもり」遊びなどの一人遊びを楽しむ ・大人を真似たり、簡単なやりとりを楽しむ ・絵本を見たり、読んでもらう ・クレヨンなどでなぐり描きを楽しむ	・体を十分に使えるよう全身を使う遊びを展開する ・衣類の着脱が自分でできるよう援助する ・便器での排泄ができるよう援助する ・周囲の子どもとのかかわりがもてるよう働きかける ・生活の中できまりがあることを気づけるよう援助する

年齢	心身の発達	遊びの特徴	保育者の援助
1歳7か月〜2歳	・歩行が安定し、高低差のある場所も歩く ・段差を飛び降りる ・押す、投げる、つまむなどの手指を使った動きが多くできるようになる ・二語文を話す ・「いや」などの否定的な言葉をいう ・自己主張が強くなる ・上着を脱ぐ ・排尿を知らせることができる	・保護者と離れて遊ぶ ・歩行が安定し、ジャンプなどをする ・ボールを投げたりして遊ぶ ・友達と手をつないだりする ・おもちゃを見立てたり、模倣遊びを楽しむ ・手遊びなどを楽しむ ・友達とかかわって遊ぶことが増える一方で、いざこざも起こる	・探索活動などを通し、見る、聞く、触るなどを体験し、感覚が豊かになるように促す ・おもちゃや絵本、遊具などを使った遊びを援助する ・遊びを通して形、色、大きさ、量などの感覚を促す ・身近な生物に親しみをもつことで生命の尊さに気づく体験へつながるよう促す ・地域や季節の行事に関心をもち、文化や地域社会とのつながりに気づけるよう援助する
2歳〜3歳	・歩行がさらに安定し、転ばず歩いたり走ったりする ・階段の上り下りができる ・指先の細かい動きができる ・はさみを使う ・ものの大きさや形の区別がつく ・言葉が明瞭になる ・簡単なあいさつができる ・他児とのかかわりが増える ・くつを一人で履く ・こぼさないで一人で食べる ・大人に援助され排泄や衣類の着脱ができるようになる	・全身を使った遊びを楽しむ ・乗り物玩具で遊ぶ ・三輪車がこげる ・幅跳びをする ・保育者と少人数の子どもで追いかけ遊びなどを楽しむ ・積み木を8つ積めるようになる ・シールを貼ったりはがしたりする ・数人の子どもが同じ場所で同じ遊びをする平行遊びが見られる ・簡単なごっこ遊びを楽しむ ・繰り返しのあるお話を楽しむ	・思ったことが伝えられるよう気持ちや経験の言語化を行うなどの援助をする ・あいさつや生活に必要な簡単な言葉を使うような声かけをする ・保育者や子ども同士で言葉のやりとりをしたり、聞いたり、話したりする仲立ちをする ・水、砂、土、紙、粘土などさまざまな素材での遊びを展開する ・音楽・リズム、歌、手遊びなどを通して体の諸感覚の経験を豊かにする ・音や形、色、手触り、動き、味、香りなどの経験を豊かにする ・イメージが豊かになるような保育者の話や遊びなどを展開し、それを自分なりに表現できるようにする ・子どもが試行錯誤しながら表現を楽しむことや自分の力でやり遂げるよう温かく見守る
3歳〜4歳	・全身を使って大きく動く粗大運動の基礎ができる ・右手と左手で別々の動きが少しずつできるようになる ・色の区別がわかる ・自我がよりはっきりする ・友達同士でのかかわりが増える ・話し言葉の基礎ができる ・「なぜ？」「どうして？」などの質問が増える ・両親の姓名をいう ・箸を使いはじめる ・一人で歯みがきをしようとする ・衣服の着脱がおおむね自立する	・全身の動きがコントロールできるようになり体を使ったさまざまな遊びを楽しむ ・片足跳びをする ・まわりの大人などの行動や経験を取り入れたごっこ遊びを楽しむ ・友達と共通のイメージをもって遊ぶ ・絵本や童話、簡単なストーリーのある話を理解し登場人物になりきって遊ぶなどする ・頭に手足がつく頭足人を描く	・さまざまな活動に進んで取り組んだり、体を十分に動かすように援助する ・友達と積極的にかかわることができるよう促す ・友達のよさに気づき、一緒に活動できるよう援助する ・絵本や物語などに興味や関心がもてるよう援助する ・ごっこ遊び等を通して保育者や友達と言葉のやりとりを楽しめるよう援助する ・食べ物への興味や関心をもち、保育者や友達と食べることを楽しめるようにする ・歯みがきの際は、みがき残しのないよう十分に点検する

年齢	心身の発達	遊びの特徴	保育者の援助
4歳〜5歳	・全身のバランスをとることができ、体の動きが巧みになる ・指先の動作の基礎ができあがる ・話をしながら食べるなど異なる行動を同時にできる ・自分と他人の区別がはっきりしてくる ・自意識が芽生える ・空腹、疲労、暑い、寒いの理解ができる	・5秒片足で立つ ・スキップができる ・集団で遊ぶことを楽しむようになる ・ルールを守って遊ぶ ・なぞなぞ遊びやしりとり遊びなどを楽しむ ・特定の仲のよい友達と遊ぶ ・友達同士での遊びを楽しむ一方で遊びの中で葛藤場面も見られる ・目的を立て、つくったり描いたり、自分たちで遊びを考え意欲的に取り組む	・見通しをもって行動できるように促す ・けんかなど葛藤を経験しながら相手の気持ちを理解するよう促す ・友達と一緒に活動する中で、やり遂げる喜びがもてるよう配慮する ・生活や遊びの中できまりがあることの大切さに気づき、自分で判断して行動できるよう配慮する ・身のまわりの清潔や生活に必要な活動を自分で行い、生活リズムを身につけるよう促す ・自分の健康に関心をもったり、危険なことや防災について理解したり、健康で安全に気をつけるよう促す ・自分の気持ちや体験を言葉で表現できるよう促し、子どもの話しかけに応じる ・園での生活が小学校以降の生活や学習の基盤となることに留意する
5歳〜6歳	・全身の運動機能はますます伸び、動きもなめらかになる ・手指の機能もさらに進み他の身体機能との協応もできる ・物事の判断の基礎ができる ・仲間意識が強まり、まとまって活動する ・きまりを守ることの重要性が理解できる ・いやなことでも我慢ができるようになる ・納得がいかないことに「ずるい」や「おかしい」など言葉で伝える ・単語定義 ※) 7語 ・人物画（3部分） ・人物画（6部分） 人物画　　　人物画 （3部分）　（6部分） ・目、耳、腕、手、足などは2つ描けて1部分と数える。	・なわとびをする ・綱渡り歩きをする ・跳ね返ったボールをつかむ ・鬼ごっこやドッジボール、フルーツバスケットなど勝敗を伴う遊びを楽しむ ・工夫した遊びを展開する ・友達と協力して遊ぶ ・ごっこ遊びはさらに発展し、集団としての共同遊びが見られる ・自分の役割を意識して遊ぶ ・四角模写ができる	・自分で考えて行動し、自分のことは自分でできるよう促す ・友達と活動する中で、自分の思ったことを伝えたり、共通の目的を見出し、工夫したりできるようにする ・共同の遊具や用具を大切にし、みんなで使ったり、きまりを守ったりすることができるように促す ・高齢者をはじめ、地域の人や関係の深い人に親しみをもつよう援助する ・季節や自然、身近な動物に親しむ経験ができるようにする ・生活や遊びを通して、性質や仕組みについて興味をもてるようにし、比べたり関連づけながら工夫して遊ぶよう促す ・生活の中で数量や図形、標識・文字などに関心がもてるようにする ・自分の気持ちを言葉で表現できるよう促す ・人の話をよく聞き、自分の経験したことを話すことができるように促す ・言葉に対する感覚が豊かになるよう絵本や物語などに親しんだり言葉遊びなどをする ・いろいろなものの美しさに対する感性をもてるようにする

※) 単語定義：単語を例示して、その単語の意味を理解しているかを観察する。

§2 子どもの発達を理解した保育者の援助と留意点

　前節では、0〜6歳までの子どものおおよその発達と遊びの特徴、そして保育者の援助について確認してきました。先にも述べた通り、ここでの内容はあくまでも目安や一例であり、一人ひとりの子どもの個人差を十分に配慮したかかわりが大切です。これらの子どもたちの発達を理解した上での保育者の援助と留意点について確認しておきましょう。

1 子どもの発達を理解した上でのかかわり

　乳幼児期は生涯の中で、体の発育や言語・運動機能の発達、それに伴う情緒的な発達などがもっとも著しい時期です。保育者として専門的に子どもとかかわるには、子どもの基本的な発達を理解し、それに応じた声かけや環境整備が必要となります。子どものその時期の発達をよく理解し、この子は何を求めているのか、どのようにすれば伝わるのか、ということを考えながら保育をすることが大切でしょう。たとえば乳児なら、「体の動きや表情、発声、喃語を受け止めながら」（図表6-1）援助を行っていくということです。子どもの動きや表情を見て、保育者が気持ちを汲み取り共感しながら情緒の安定を図ることが必要ですし、うれしそうな発声をしていれば一緒に喜び合い、気持ちに寄り添うということです。それらを通して、子どもとの信頼関係を構築します。3歳以上児の場合は、着脱や排泄、食事などが自立し、活動の幅も広がり、子ども同士が協力して遊びを考え、共通の目的を見出して工夫して遊ぶなど、活発に行動する時期です。この時期には豊かな感性を育んだり、友達と一緒にやり遂げる喜びがもてるような援助が大切になってきます。また、葛藤場面などで子どもが気持ちを自分の言葉で表現することを促したり、相手の気持ちを理解するように促したりするような声かけや配慮も必要となってくるでしょう。

2 目の前の子どもを十分に理解する

　子どもの基本的な発達特性を理解してもそれにとらわれすぎることは、禁物です。子どもには個人差があり、発達には幅があります。たとえば、「首が据わる」のは一般的に生後3か月ごろといわれていますが、2か月ごろに首が据わる子もいれば、4か月ごろの子もいます。基本的な発達の特性を理解しつつ、目の前にいる子ども一人ひとりを観察し、個々の成長・発達に応じた援助が大切となってきます。子ども一人ひとりの成長や発達に応じた声かけや援助を通して、「やってみたい」気持ちを大切にした子ども理解や保育者に気持ちをわかってもらえたという安心感、友達と一緒にやり遂げたという充実感などを育み、園での生活が豊かになるよう配慮することが重要といえるでしょう。

7章 子どもの理解と クラス（集団）づくり

§1 集団保育とは

1 家庭での保育と保育施設の保育

　子どもの保育を大きく分けると、家庭で両親を中心に行われる保育と、保育施設で行われる保育があります。家庭で行う保育は、多くの場合、子どもは家族（主に保護者）と過ごす個別での保育です。そして、保育施設で行われる保育の場合は、保育者が複数の子どもを対象にして保育を行っています。このような保育では、家族以外の保育者と過ごす場であると同時に、同じような身体発育および発達課題をもった同年代の仲間と同じ場を共有することになります。そして、保育者や仲間との集

団の中で生活することで、一緒に遊んだり、刺激を受けたりしながら、子どもの心身の発達を促すことにつながるといわれています。このように、保育者や同年代の子どもとともに同じ空間、同じ時間を過ごす保育施設での保育の特性を表現するものとして、集団保育という言葉が使われます。

　家庭での保育、保育施設での集団保育、どちらが重要かということはありません。いずれもが子どもにとっては大切な保育の場であるのです。たとえば、中央児童福祉審議会保育制度特別部会（1963（昭和38）年）の報告「保育問題を

こう考える—中間報告—」の中に明記された「保育はいかにあるべきか」における「第七原則—集団保育」の文章の一部に、「集団保育とともに家庭という場で親子関係の中でこどもが発達する要素をじゅうぶん認めながら集団保育を行なうべきことを意味する」[1]と報告されています。また、近年では、保育指針、教育要領等の中でも、家庭や地域での生活と保育施設での生活の連続性を踏まえた保育の充実が示されています。このようなことからも、家庭での保育、保育施設での集団保育、双方が関連し合っていることが、子どもの成長や発達にとって重要であることが理解できます。

2 集団保育を保障する場としての保育施設の役割

　乳幼児期から同年代の子ども同士がかかわる環境をつくることは、子どもの成長を支えるためには大切です。しかし、子ども同士がかかわる機会は保育施設だけではありません。近隣の公園、公民館、地域での子ども会の活動など、いろいろな場所があります。乳児期に保育施設に入ることは義務ではありませんので、制度上、必ずしも入所・入園する必要はありません。しかし、2016（平成28）年に厚生労働省は、0～3歳児の保育所の利用は約4人に1人、4・5歳児ではほぼすべての子どもが保育所か幼稚園を利用していることを報告しています[2]。なぜ、このように保育施設に多くの子どもたちが入所・入園するようになったのでしょうか。核家族化の進行や共働き世帯の増加に伴い、子どもの保育需要が増加したことによることもあります。また、次のような日常生活の中での子ども同士のかかわりの機会の現状も、その要因として考えられます。

　子ども同士がかかわる機会に関する調査として、ベネッセ教育総合研究所が1995（平成7）年から5年ごとに「幼児の生活アンケート」[3]を実施しています。第1回目の調査では、保育所・幼稚園以外で遊ぶ友達の割合が56.1％でした。しかし20年後の2015（平成27）年に実施された第5回目の調査では27.3％と半減しています。近年の社会全体の傾向として、地域住民

のかかわりが薄くなってきています。同様に、幼児期の子どもたちも、保育施設を離れると家庭内での大人だけとのかかわりに留まっている傾向があり、地域の同年代の子どもが集まって遊ぶ機会が減ってきているのです。このことから、子ども同士がかかわる経験の機会をつくることが以前にも増して重要になっているといえます。また、近年の情報化が進む社会的な環境の中では、他者と直接かかわる機会の減少が問題視されてきており、乳幼児期からの人とかかわる多様な経験の重要性が高まっています。

　このようなことから、保育施設の役割の一つとして、同年代の子どもたちが一緒に活動

することを通して、喜びや楽しさ、ときには悔しさ、悲しさ等の感情を味わいながら、互いに同じ課題を共有しつつ影響し合って成長し合う、発達を保障する大切な場であるといえます。そして、保育者には、子ども同士が互いにかかわり、一緒に育ち合い、成長できるような集団保育を目指して、ていねいな子どもの実態の把握とそれに基づく指導計画を作成し、日々の実践を行っていくことが求められているのです。

§2 ## 集団保育におけるクラス（集団）づくりとは

1 なぜ、クラス（集団）づくりが必要か

　保育施設では、一つの保育室に複数人の子どもが集められたクラスという集団の単位が、日々の生活の基盤となります。そして、多くの子どもにとって、家族と離れ、はじめて同年代の仲間と対等にかかわり合う場所となることから、一人ひとりの子どもが安全で安心に過ごせる環境であることが重要です。

　一つの空間に子どもが複数人集まると、子ども同士の関係性が生まれ、お互いの行動や成長に影響し合う様子が見られるようになります。とはいえ、保育者がそれを見守っていれば、自然にクラス（集団）が形成されるわけではありません。また、形成されたとしても、偏った関係性が形成され、ネガティブな経験を積み重ねたクラス（集団）となる可能性もあります。たとえば、一見、落ち着いて、何の問題も見られないクラス（集団）の中でも、個々の子どもの様子に目を向けてみると、実は「すぐにあきらめてしまっている子ども」「仲良しの子ども同士で固まっていて、他の子どもには関心がない子どもたち」「活動に興味を示さない消極的な子ども」などの姿が見えてくることがあります。このようなクラス（集団）は、すべての子どもたちが安心・安全に過ごせているとはいえません。

　子どもたちは、それぞれに性格、好きなもの、家族構成、家庭環境等が異なり、生きてきた経験も違います。その子どもたちが、一つのクラス（集団）に集まると、ときには仲良く遊び、ときにはぶつかり合いながら、関係性が築かれていきます。その関係性は、望ましい方向、望ましくない方向、どちらにも向かう可能性があります。そのため、保育におけるクラス（集団）づくりでは、個々の発達保障や望ましい成長につながるような相互作用が重要であり、保育者には常に子ども同士の関係性を把握し、適切な環境を設定していくことが求められます。そして、その空間にいる全員の子どもたちが、自分のことをありのまま受け止めてもらえると感じられ、安全で安心できる場所を意図的、計画的につくっていくことが必要です。このように、保育施設内のどのクラス（集団）においても、クラス（集団）づくりの取り組みは不可欠なのです。

2　クラス（集団）づくりが目指すもの

（1）クラス（集団）づくりの目的

　一人ひとり違った個性や生活習慣をもっている子どもたちを、ていねいにつないでいくことにより、次のようなことを実現していくことがクラス（集団）づくりです。

・一人ひとり、すべての子どもがもっている多様な個性が発揮され、認められる
・子どもたちがお互いの存在を意識し、尊重し合いながら、信頼関係を構築する
・子ども同士の信頼関係の中で、お互いが成長し合い、それを子どもたちが実感する

　このように、集団としてのまとまりや行事等の成功を目指すためではなく、一人ひとりの子どもたちの望ましい成長のために行うのが、クラス（集団）づくりにおける役割です。

　そして、保育者には、次のような観点をもって進めることが求められます。

　1つ目は、子どものよさを見る観点です。一人ひとりがもっているよいところを見つけて、それを伸ばすことを大切にしたクラス（集団）づくりが基本となります。

　2つ目は、一人ひとりの子どもの変化を見る観点です。普段に比べて元気がなかったり、表情がくもっていたりなど、子どもたちが発するさまざまな信号を敏感に察知し、見逃さないようにしていくことが必要です。

　3つ目は、子ども同士のつながりを見る観点です。誰と誰がつながっているのか、何によってつながっているのか、友達とのつながりが切れている子どもはいないか、何を理由に切れているのか、それを理解することで、子ども同士をつなげるための具体的な方法が見つかります。

　以上のような観点を大切にして、計画的にクラス（集団）づくりを進めていきます。また、クラス（集団）づくりは、ある時間に特設して行うものではありません。園での生活全体を通して取り組むものです。そのことを踏まえて、全体の指導計画の中にも反映させていくことが必要です。

（2）クラス（集団）づくりの中で育まれるもの

　乳幼児期よりクラス（集団）づくりを行うことで、次のようなことが子どもの成長として考えられます。

　たとえば、1歳半ごろの自我の発達について考えてみましょう。そのころになると、「〇〇ちゃんが（やる・やりたい）」という発言が増え、自己主張する姿が目につきます。そして「△△ちゃんも（やっているから）」という発言も聞かれることがあります。この場合、「△△ちゃんがやっていることが気になって、同じことを同じようにやりたい」という気持ちが、「〇〇ちゃんが（やる・やりたい）」という発言の背景にあるのです。このように、同年代の友達と過ごす中で、その姿に影響を受けて、新しいことを身につけていくのです。

集団の中で生まれるトラブルや課題も、お互いに成長する機会です。5歳ごろになると、子ども同士のトラブルを話し合いで解決することが可能になります。話し合いをするには、自分の意見を相手に納得してもらうように説明する力が求められます。自分の意見を一方的に主張するだけではなく、相手の意見を聞いて理解した上で、自分の意見を整理する力も必要です。そして、お互いの意見に納得して、合意形成することができるようになります。子どもたちの間で行われた口論は、やがて内在化して、個人の思考になるともいわれています。このような成長も、同年代の子どもの集団の中で、お互いにぶつかり合って、影響を与え合いながら獲得していく力です。

　このように、人とのかかわりの中で、他者のことを意識し、他者と一緒に学んだり、他者を通して学んだりという人間関係は、子どもの発達を促すための大きな力といえます。ロシアの心理学者ヴィゴツキー（L. S. Vygotsky）も、発達の最近接領域（ZPD：Zone of Proximal Development）という概念を用いて、他者との協同的な関係が知的な発達にも影響を及ぼすことを述べています（図表7-1）。

図表7-1　発達の最近接領域（解説）

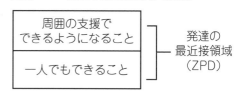

一人だけではできなかったことが、他者と協同で行ったり、周囲からのちょっとした助けを得たり、ということによって、結果としてできるようになることです。そして、できるようになったうれしさとともに、助けてもらう経験を通して自他との関係を理解し、人間同士がどのようなかかわりをもって生きていくのかも、学ぶのです。

　そしてクラス（集団）づくりの中で、同年代の子ども同士が対等な関係の中でかかわり合い、認め合い、影響を与え合える環境を設定することにより、以下のような成長へとつながると考えられます。

・集団の中で仲間とかかわることを通じて感じる、自分という存在への自信とセルフエスティーム（自己肯定感）

・仲間を信頼し、尊重する気持ちや仲間への共感性（たとえば、人とかかわるのが楽しい、人が好きという気持ち）、人とかかわる力・人とつながる力、誰とも対等な関係を構築する力

・仲間とともに生きる楽しさ、自分らしさをいかして社会とかかわろうという思いや将来への見通し、自立して社会参加をしながら自己実現していく力

　成長の評価を数値で表すことはできませんが、このように、将来、社会の中で生きていくために必要とする大切な力を育むことにつながっています。保育者は、そのことを意識して、クラス（集団）づくりに取り組むことが必要です。

§3　子どもの理解とクラス（集団）づくり

1　子どもの理解

　クラス（集団）づくりは、一人ひとりの子どもの成長のために行うものです。それゆえ、まずは、個々の子どもの実態を把握し、理解することが必要です。ここでは、子どもを理解するために必要な知識と内容、方法の基本的事項について学びます。

（1）子どもを理解するために必要な知識　―子どもの発達的な特徴の理解―

　保育者が子どもとかかわる際には、発達的な特徴の理解をしておくことが必要です。6章で子どもの発達について学びましたが、ここでは子どもの理解の視点から確認していきましょう。

　発達的な特徴の理解とは、「1歳半はこういう特徴がある」「3歳ではこういうことができる」といった、一般的な子どもの身体的、精神的、感情的な発達過程、特徴、子どもの姿の理解です。

　保育者には今だけではなく、今とともに将来を見通した保育を行うことが求められます。そのためには、子どもの発達の過程を理解しておくことは不可欠な視点です。また、発達の特徴を理解しておくことは、子どもの不可解にも見える行動の意味を理解する糸口となります。クラス（集団）づくりにおいては、年齢ごとに人とのかかわり合いについて整理をして、理解を深めておくことも必要です（次頁、図表7-2）。さらに、発達的な特徴を理解することは、「今、何をすべきか」「どうすれば楽しい活動ができるか」といったことを確信し、適切な取り組みの方向性を考えることにもつながります。

（2）子どもを理解するための方法　―実践的な理解―

　実践的な理解とは、目の前の子どもの現在の姿であり、基本的な情報と把握できる事実だけでなく、子どもたちと日々向き合う中から、表情の変化、思いや願い、友達関係、生活背景、家庭環境などを理解することです。

①実践的理解の具体的な項目例

　クラス（集団）づくりにおいて、実践的理解のために情報収集する必要があると考えられる具体的な項目例を、次頁図表7-3に提示します。参考にしてください。

②実践的理解をする際の留意点

　実践的理解をする際に考えられる、いくつかの留意点は次の通りです。

・子どもとの信頼関係を築く

　子どもは、保育者との信頼関係が構築されると、それを基盤として人やものとかかわり、

図表7-2　人とのかかわりと発達的特徴

年齢	人とのかかわりの様子	発達的特徴
0～1歳	子ども／保育者／子ども／子ども	・寝返りや、お座りができるようになる ・特定の保育者との情緒的な結びつき、人に対する基本的な信頼関係が形成される ・表情や喃語で、自分の気持ちを表現する
1～2歳	子ども／保育者／子ども／子ども	・独歩が可能になり、積極的に周囲を探索するようになる ・保育者に対して、「○○ちゃんが～」というように、自分の名前をいって自己主張したり、一緒にいる子どものことが気になり、同じことをやりたがるようになる ・見立て遊びが可能になる
2～3歳	子ども／保育者／子ども／子ども	・手指や運動能力が向上する ・周囲の子どもの行動に興味をもち、さかんに真似たり、一緒に遊んだりするようになる ・自己主張が強くなり、ものの取り合いが増える
3～4歳	保育者／子ども／子ども／子ども	・生活習慣の中で自立してできることが増える ・気の合う子ども同士で、ごっこ遊びなどを楽しむことが多くなる ・保育者の支えを前提として、言葉で自分の行動や思い、経験を話せるようになり、園生活を楽しむことができる
4～5歳	保育者／子ども／子ども／子ども	・ボールを蹴る、回転するなど、いくつかの動きが同時にできるようになる ・自分の考えと相手の考えが異なることがわかり、保育者の支援で、言葉での気持ちや意思のやりとりができるようになる ・同じ集団にいる友達と一緒に、同じ活動を楽しむことができる
5～6歳	保育者／子ども／子ども／子ども／子ども	・基本的な生活習慣や運動能力が身につく ・保育者が見守る中で、自主的に友達同士で話し合ってルールを決めるなど、遊びを協調的に進めていくことができるようになる ・違いを認め合いながら、楽しく遊んだりすることができる

◀──▶ 積極的なかかわり　───── 強いつながり　‥‥‥‥ 消極的なかかわり・弱いつながり

図表7-3　実践的理解の項目（例）

＜衛生面＞ ・衣服の汚れ ・髪型の変化 ・入浴の状況　など	＜食＞ ・食べ方 ・食欲（食べる量の変化） ・弁当の有無 ・誰と食べているか　など	＜健康＞ ・体重の変化 ・虫歯の数 ・身体の傷の有無　など
＜休み時間など＞ ・友達関係 ・どこに行っている ・どんな場所で過ごしているか　など	＜持ち物＞ ・かばんの中 （不要なものが入っているなど）	＜遊びの活動の様子＞ ・態度 ・意欲の有無　など
＜様子＞ ・言葉遣い　・顔色や表情 ・態度（いらいらしている、しんどそう……） ・遅刻、欠席が多い　など	本人の気持ち・思い　など	＜提出物＞ ・準備物の揃い具合 ・忘れ物の増減　など
＜休み明けの様子＞ ・顔色 ・態度（眠そう、だるそう……） ・登園時間　など	＜保護者との連携＞ ・家庭の状況（電話／連絡帳などで） ・保護者の思い　など	＜他の職員からの情報＞ ・保健室　　・事務 ・他の学年　・クラス ・管理職　など

図表7-4　クラス（集団）づくり　年間計画（例）

時　期		目　標	活動内容
Ⅰ期	4～5月	安心できるクラスをつくろう	【新しい学級をスタートさせよう】 「あいこじゃんけん」「ネコとネズミ」
	6～7月		【コミュニケーション力を育もう】 「いま どんなきもち」
Ⅱ期	8～12月	より深く仲間のことを知ろう	【友達のことをもっと知ろう】 「こんにちは」「じゃんけんぽん」
Ⅲ期	1～3月	自分や仲間の成長を確認し、次年度への展望をもとう	【自分や仲間の成長を振り返ろう】 「自分のことを見つめよう」

参考：大阪府教育センター「子どもたちが安心して過ごせる学級づくり」2017

その子らしい本来の様子が見られるようになります。それを知り、子どもをどのように成長させていくかを考えることが大切です。信頼関係が築かれると、保育者の子どもへのまなざしや向き合い方も変わり、その子らしさを発揮して自分の世界を広げることを願う気持ちも生まれます。

・**多くのアンテナを張り、広い視野から子どもの様子を理解する**

　子どもは、友達と遊んでいるとき、保護者といるときなど、環境によっていろいろな姿を見せます。保育者が一人で子どもを完全に理解することは不可能です。他の保育者、保護者などと情報を共有し、子どもを広く理解するようにしましょう。

・**肯定的に子どもの姿を理解する**

　子どもたちの様子から、「落ち着きがない」「人の話を聞かなくて困る」など、いろいろな気づきがあると思います。このように否定的な面ばかりを気にすると、「静かにしなさい」「早くしなさい」というような管理主義的な保育になりがちです。保育者は子どもの活動を予想し、いろいろな状況を思い描き、これからの成長を見通すことが大切です。それには、肯定的に子どもの現状を理解することが必要です。たとえば「落ち着きがない」「人の話を聞かない」といった様子を、「元気がよい」「自己主張ができる」ととらえると、「元気に明るい雰囲気をもたせたい」「自分の意見を伝え、人の意見も聞いて認められるようになる」といった願いも生まれてきます。子どもたちの姿を肯定的に理解して、どのようなクラス（集団）にしていきたいかを描くことが大切です。

・**実践の記録を取り、振り返る**

　子どもを理解する方法として、実践記録を書き、子どもの成長の様子、集団としての変化、取り組みのあり方を振り返りましょう。子どもについての理解が深まるとともに、次の保育実践でどのようなことをしていったらよいか、その方向性も見えてきます。何気ない日常の保育の中でも、子どもの理解を深められ、自ずと子どもは育ち、充実したクラス（集団）づくりへとつながっていきます。

２　見通しを立てた取り組み

　子どもたちのことが理解されてくると、クラス（集団）づくりの方向性や大きな目標が見えてくると思います。それを実現するためには、具体的な目標や内容、手立てなどを反映させた年間計画を作成して、見通しを立てて取り組むことになります（前頁、図表7-4）。これを、さらに、各保育施設で作成する保育全体の年間の指導計画、月間の指導計画、週間の指導計画、一日の指導計画に反映させて、実践していくことになります。

③ クラス（集団）づくりの出発点

　ほとんどの場合、クラス（集団）づくりの出発点は４月の子どもたちとの出会いになります。ここでは、クラス（集団）づくりの出発点について考えてみましょう。

　保育におけるクラス（集団）づくりは、保育者が子どもたちを思い通りに動かすためでもなく、集団として画一的な行動や思考をつくる場所でもありません。クラス（集団）づくりは、子どもたち自身が参加するものであり、子どもたちがお互いに成長し合えるように、よりよい生活の拠点になるクラス（集団）であることが大切です。そのためには、まず、自分のことを理解してくれている保育者の存在が欠かせません。つまり、クラス（集団）づくりの出発点は、保育者と子どもとの信頼関係づくりであり、子どもが保育者を心の基地にして、安心してかかわれることが基盤となります。そして仲のよい友達がいることも重要です。自分の下駄箱、カバン置き場、椅子、机などがあることも大切です。こうして楽しく安心できる居場所をつくることがクラスづくりの基本であり、大切にしてほしいことです。

④ クラス（集団）づくりの取り組みの実際

　クラス（集団）づくりの具体的な取り組み方は、それぞれの保育者に任されており、決められた方法や内容はありません。ここでは、その方法の一例を紹介します。

（1）互いのよさを認め合う

　子どもたちが対等な関係でやりとりができるようなクラス（集団）にするためには、お互いが認め合うことが大切です。そのためには、さまざまな表情のイラストを使ったりしながら、①自分の思いに気づく、②互いに伝え合う、③友達と自分との違いに気づく、④それぞれのよさがあることを認め合う、といった取り組み方もあります。

（2）行事を活用する

　音楽会、運動会などでは、行事の成功という共通の目標をもって、子どもたちが主体的に取り組みます。しかし、子どもたちの行動や思いは一人ひとり異なります。ですので、行事に向けた活動の中ではもめごとがおきやすく、それこそが、クラス（集団）づくりのチャンスなのです。①それぞれの意見や感じ方を出し合い、②お互いの違いに気づき、受け止める、③問題解決の方法を考える、といった取り組みをすることができます。そして、何とか折り合いをつけようとお互いに努力する経験を通して、子どもたちの関係性が変化し、つながりが深まるのです。

§4　クラス（集団）づくりを実践する際に大切なこと

1　個と集団の関係性

「△△組さんは、元気がいいわね」とか、「◇◇組さんは、ずいぶんとおとなしいわね」という会話を耳にします。もともと保育者は子どもとかかわる際に、クラス全体を集団としてとらえる視点をもっています。そして、目の前にある様子から、どのようなクラス（集団）にしていきたいか考えます。クラス担任になったときに、どのようなクラス（集団）にしていきたいか、理想のクラス像をもつことはもちろん必要です。しかし、みんなが同じことを一斉に行うことではないということに留意する必要があります。最初からクラスという大きな一つの集団として子どもたちをどうまとめていくかを考え、集団の秩序を優先すべきではありません。保育におけるクラス（集団）づくりは、互いに異なる子どもたちがかかわり合い、刺激し合いながら成長していくことにあります。そのためには、子ども一人ひとりのことをよく理解し、集団を通して、何を、どのように育てていくかという視点で考える必要があります。つまり、クラス（集団）づくりの中で、個と集団は対立したものではなく、双方を関連させて子どもたちをどのように育てていくかということを考えながら、取り組んでいくことが大切なのです。

西健も、集団づくりについて、「子どもたちは入園、入学当初はバラバラの関係です。そこで教師・保育者が発達段階にみあった、子どもの欲求や要求を高めて、集団行動を組織化します。その組織化の過程で、ひとりひとりを発達させるとともに、民主的集団の質を高め、子どもたちの生き方を学ばせるものと思います」[4]と述べています。このように、子どもたちのクラス（集団）をつくるということは、生活、遊び、行事等さまざまな場面を通して、一人ひとりの子どもの個の存在を意識しながら、クラス（集団）の中でどのように子どもたちを成長させていくかという、集団的な展開を使いながら子どもの発達を促す方法を考えて進めていくことなのです。そして、保育者にはこのような視点をもってクラス（集団）づくりを計画し、実践していく力が必要です。

2　クラス（集団）の影響力を考える

子どもは、保育施設での生活のほとんどを、クラス（集団）の中で過ごします。そのクラス（集団）で、同じ子どもたちが同じ空間で過ごす時間の中で、お互いにかかわり合い、自分にとって仲間とは何か、仲間にとって自分とは何か、といったことも発見しながら、ともに成長していくのです。つまり、子どもが所属するクラス（集団）がどのような

質であるかが、子どもの保育に影響を与えることとなります。また、子どもは保育者からの影響だけではなく、クラス（集団）からの影響も受けて成長します。とくに、乳幼児の場合は、周囲にいる仲間の様子や動きをよく見ています。そして、保育者から促されるよりも、仲間の動きを模倣しながら、自発的に学んでいくことのほうが多く、積極的に動きます。クラス（集団）は、保育者個人の影響力を上回る力をもっているといえます。このようなクラス（集団）の影響力は、子どもの発達にプラスの作用をするだけではありません。発達を妨げるマイナスの作用をする場合もあります。そうならないようにクラス（集団）づくりをすることが大切ですが、もしも、その状況が見られたら、すぐに修正し、クラス（集団）の保育の質を高めるのが保育者の重要な役割であり、保育者の指導力が求められます。

　たとえば、あるクラスで玩具の取り合いやけんかなどのトラブルが多発していました。子どもの自主性・主体性を大切にして、担任はその状況を見守ることとし、多くの介入はしませんでした。しばらくすると、けんかや玩具の取り合いはほとんどなくなりました。ほっとしたのも束の間、力の弱い子どもは、力の強い子どもに対して自分の要求を出せず、じっとしてあきらめた状況である様子が見えてきました。一見落ち着いたように見えていたのですが、実は序列化が生まれ、個々の子どもの発達が保障されない状況となっていたのです。子どもたちが相互に成長し合うためには、子ども同士が対等に交われる環境であることが大切です。このようにクラス（集団）づくりがマイナスに作用してしまった場合、その状況にあるクラス（集団）のまま放置するのではなく、プラスの方向につくり変えることが喫緊の課題となります。その一例として、保育者は、まずはじめに、一人ひとりの子どもが自分の意見や思いに気づけるような状況をつくり、次に、その気持ちをお互いに伝え合い、認め合える機会を設定し、子ども同士が対等な関係になるようにクラス（集団）をつくり変えていくことが必要です。また、このようにクラス（集団）をつくり変えることも、クラス（集団）づくりの大切な取り組みであり、その過程で、一人ひとりの子どもの成長や発達によい影響を与えるような環境をつくり出していくことが大切です。

③ 子どもの自主性・主体性を高めるための取り組み

　クラス（集団）づくりは、保育者だけが行うものではありません。子どもたち全員がクラス（集団）づくりに参加し、子どもたちの自主的・主体的に活動する能力を培うことを目指すことは、保育における重要な取り組みの一つです。では、どのようにそれを伝えていけばよいでしょうか。

　子どもからの自主的・主体的な要求があった場合、それに基づいて活動を行っていくことは大切です。しかし、保育者の意図する活動を控えて、子どもからの要求だけを待ち続

けることは、正しい取り組みとはいえません。なぜならば、クラス（集団）づくりの発展は自然に生み出されるものではなく、保育者が適切な取り組みを行うか行わないかによって、また、保育者の取り組みが子どもの実態にあった内容や方法であるかどうかによって、プラスにも、マイナスにも作用するからです。たとえば、子どもの自主性・主体性のみに任せていては、先のようなマイナスの面が強いクラス（集団）になってしまうこともあります。ときには保育者がクラス（集団）づくりの取り組みに必要と考える子どもの要求を導き出すことも必要です。また、子どもから要求は出てきていなくても、保育者側から活動を提案したり、グループ（集団）をつくったりすることで新たな活動のおもしろさを知ったり、やってみたいという要求が生まれたり、別な仲間と遊ぶようになったりと、新しい発見や気持ちが芽生えることもあります。とくに乳幼児期の子どもたちは未分化の状態であることから、保育者の働きかけ方次第で、子どもの自主性・主体性が高まることにつながります。

　このように、保育者の意図する働きかけは、子どもの自主性と対立するものではなく、相互に影響し合いながら高められていくものなのです。もしも、子どもの自主性を後退させているような状況があるとするならば、その取り組みの内容や質を検討し、修正していくことが必要です。

4 指導計画と実際の取り組みの振り返り

　保育施設に通園する子どもにとって、クラス（集団）は園生活の基盤であり、クラス（集団）づくりは子どもたちの成長を促す大切な機会です。それにもかかわらず、クラス（集団）づくりに対しての明確な評価の指標もなく、それに基づく振り返りも十分にはなされていない現状があります。そのため、実践している様子をしっかりと記録として残し、それをもとに定期的に振り返り、必要に応じて指導計画の改善を図ることが大切です。

　このように、子どもたちをつなぐという取り組みを通して、一人ひとりの子どもの豊かな成長を目指すことが、クラス（集団）づくりの役割となります。そのためには、子ども一人ひとりについて、生活背景も含めたさまざまな観点からていねいに理解し、そこで把握された実態に基づき、クラス（集団）づくりを計画的に行っていくことが求められます。

8章 環境をいかす 保育者・教育者

§1 環境をいかすための保育実践の原則

　保育者は、乳幼児期の子どもたちと多くの時間を過ごし、子どもたちの日々の成長にかかわることができる非常にやりがいのある仕事です。そして、子どもたちが日々を過ごす場である園での保育の方法を考えるときに大切な原則が、保育は環境を通して行うものであるということです。この環境を通した保育について学ぶために、まず保育実践において大切なことを確認していきたいと思います。

1 保育指針、教育要領、教育・保育要領に見る保育実践の原則

　環境を通した保育につながる保育実践の原則について、保育の公的なガイドラインである保育指針、教育要領、教育・保育要領の記載を見ていきたいと思います。

　まず、保育指針では、第1章に保育の方法として「子どもが自発的・意欲的に関われるような環境を構成し、子どもの主体的な活動や子ども相互の関わりを大切にすること。特に、乳幼児期にふさわしい体験が得られるように、生活や遊びを通して総合的に保育すること」と示されています。次に、教育要領では、第1章に幼稚園教育の基本として重視する3つの事項が示されていますが、その中の一つに、「幼児の自発的な活動としての遊びは、心身の調和のとれた発達の基礎を培う重要な学習であることを考慮して、遊びを通しての指導を中心として第2章に示すねらいが総合的に達成されるようにすること」と示されています。さらに、教育・保育要領では、教育および保育の基本として、「乳幼児期における自発的な活動としての遊びは、心身の調和のとれた発達の基礎を培う重要な学習であることを考慮して、遊びを通しての指導を中心として第2章に示すねらいが総合的に達

成されるようにすること」と示されています。このように、保育を実践する際には、遊びを通した総合的な指導（保育）が中心であること、そして、その際には子どもの自発性や主体性、そして意欲を大切にすることが、保育指針、教育要領、教育・保育要領に共通した原則であることがわかります。

2 子どもの遊びと自主性、主体性との関係

　小学校以上の教育では、決まった時間に決まった教科の勉強を行うことが中心であるのに対し、保育の場では遊びを中心とした生活になっています。では、子どもにとって遊びとはどのようなものなのでしょうか。オランダの文化史家であるホイジンガ（Johan Huizinga）は、遊びを「遊戯とはあるはっきり定められた時間、空間の範囲内で行われる自発的な行為、もしくは活動である」[1]と定義しています。また、保育所保育指針解説では、子どもの遊びについて「遊びには、子どもの育ちを促す様々な要素が含まれている。子どもは遊びに没頭し、自ら遊びを発展させていきながら、思考力や企画力、想像力等の諸能力を確実に伸ばしていくとともに、友達と協力することや環境への関わり方なども多面的に体得していく」[2]と示されています。これらのことから、遊びは子どもの自発的な活動であり、心身の発達の基盤となるものであるということがわかります。

　保育の場で子どもは、このような遊びを通して、生きる力の基礎となるような「資質や能力」を身につけていきます。さらに、保育者はこの育みたい「資質・能力」をより具体的に示した「幼児期の終わりまでに育ってほしい姿」（本書 p.134 ～ 136 参照）を意識しながら、保育を行っていくのです。

3 環境を通して行う保育

　保育を実践する際の原則として、遊びを通した総合的な指導（保育）が大切であること、そしてその際には子どもが自主性や主体性を大切にされる中でさまざまな力を育んでいくということを確認しました。そのような原則を実現するために用いられる保育の方法が、保育指針、教育要領、教育・保育要領でも共通して示されている「環境を通して行う保育」（次頁、図表8－1）になります。環境を通した保育について、由田新は「子どもが『環境』にかかわってつくり出す主体的な活動を大切にし、そういう活動を通して子どもの成長を促す保育である」[3]と定義しています。具体的にはどのような方法なのでしょうか。

　園庭で子どもが遊んでいる場面を思い浮かべてみましょう。砂場にあるバケツで何個も何個も砂の山をつくっている子、遊具のすべり台を繰り返しすべっている子、ドッジボールや鬼ごっこのように集団で行うルールのある遊びを友達と楽しんでいる子、すみっこでダンゴムシを探している子など、さまざまな子どもの姿が思い浮かぶでしょう。このよう

図表 8-1 「環境を通して行う保育」に関する記載

保育所保育指針　第1章　総則 1　保育所保育に関する基本原則 （1）保育所の役割　イ	保育所は、（中略）子どもの状況や発達過程を踏まえ、保育所における環境を通して、養護及び教育を一体的に行うことを特性としている。
幼稚園教育要領　第1章　総則 第1　幼稚園教育の基本	幼稚園教育は、学校教育法に規定する目的及び目標を達成するため、幼児期の特性を踏まえ、環境を通して行うものであることを基本とする。
幼保連携型認定こども園教育・保育要領　第1章　総則 第1　幼保連携型認定こども園における教育及び保育の基本及び目標等　1	乳幼児期の教育及び保育は、（中略）乳幼児期全体を通して、その特性及び保護者や地域の実態を踏まえ、環境を通して行うものであることを基本とし、家庭や地域での生活を含めた園児の生活全体が豊かなものとなるように努めなければならない。

に、子どもは保育の場で出会う人やもの、自然などさまざまな環境とかかわりながら遊びを広げていきます。そのため、保育者はそれぞれの園の方針をもとに、目の前の子どもの姿を大切にしながら、子どもの遊びが充実するように計画を立て、保育者の思いや願いを込めて保育の場の環境を構成し、実践をしていきます。園庭の砂場の場面でいうと、子どもの降園後に毎日砂場の整備を行うとともに、型抜きの他にプリンカップやバケツなども多めに用意しておく、さらにダイナミックな活動になるよう、大きなスコップなどを用意し、水道の水も使えるような環境にしておくなどの環境の整備と環境構成を行ったことが、じっくりと砂山をつくっている子どもの姿やその遊びがさらに広がる可能性につながるのです。

　このように現在の子どもの姿を踏まえ、「育みたい資質・能力」や「幼児期の終わりまでに育ってほしい姿」などの子どもの学びや成長を意識しながら、保育者の願いを込めて環境を構成し、保育実践を行っていく保育の方法を、環境を通して行う保育というのです。

§2　保育における環境とは

　環境を通して行う保育においては、子どもが保育の場でどのような環境に出会い、かかわっていくのかということが非常に重要になります。では、保育の場で子どもが出会う環境とは具体的にどのようなものがあるのでしょうか。

　保育の環境については、保育指針（第1章　総則 1 保育所保育に関する基本原則（4）保育の環境）において「保育の環境には、保育士等や子どもなどの人的環境、施設や遊具などの物的環境、更には自然や社会の事象などがある」と記載されています。また、高山静子は環境の要素として、「①自然 ②物 ③人 ④色 ⑤色以外の視覚刺激 ⑥音 ⑦空間 ⑧動線 ⑨時間 ⑩気温・湿度・空気の質」[4]をあげています。つまり、保育の環境とは、子どもを

取り巻くものすべてであるということになり、園の環境のありようが、子どもの遊びや生活に大きく影響を与えていくということがわかります。ここでは、子どもが保育の場で日常的にかかわる環境として、人的環境、物的環境、自然環境、社会的環境の4つに分けて、具体的に見ていきたいと思います。

1　人的環境

　保育の場で子どもがまず出会う環境として、人的環境があげられます。日々を一緒に過ごす保育者や友達をはじめとし、給食室にいる栄養士や調理師、行事等でかかわる地域の人など子どもたちは日々の生活の中で多様な人と出会いかかわっていきます。とくに、子どもが保育の場ではじめて出会う人である保育者とのかかわりは、養育者との基本的な信頼関係を基盤として広げていくさまざまな人間関係の土台であり、それをもとに人への愛情や信頼感を育んでいくため非常に重要な関係になってきます。保育者は自分自身が環境の一部であるということを念頭に置き、保育者の表情や服装、立ちふるまい、話し方、声のかけ方などがその場の雰囲気をつくっていくことを意識して一人ひとりの子どもとていねいにかかわっていくことが求められます。

　また、保育の場で出会う人的環境として保育者の他に友達（仲間）との関係も子どもにとっては大きいものとなります。地域の中で、空間、時間、仲間の三間が喪失し、異年齢の集団を見かけなくなったといわれる今、地域に代わり、さまざまな年齢の子どもと出会い、ともに遊ぶ場としての役割が保育の場に求められているのです。また、「幼児期の終わりまでに育ってほしい姿」（本書p.134〜136参照）の中でも「協同性」や「道徳性・規範意識の芽生え」「思考力の芽生え」「言葉による伝え合い」「豊かな感性と表現」の5項目で「友達」という言葉が出てきており、保育の場で友達と出会い、生活をともにし、かかわる中で子どもがさまざまな力を育んでいくということがわかります。

2　物的環境

　次に、子どもが保育の場で出会う環境として、物的環境があげられます。保育の場の物的環境というと何をイメージするでしょうか。子どもの座っている椅子や机、遊んでいる玩具、製作の際に使っているはさみや画用紙、のりなどいろいろな"もの"が思い浮かぶでしょう。物的環境には、このように子ども自身で動かすことのできるものだけでなく、園舎や保育室、園庭のすべり台などの固定遊具等の動かすことのできないものも含まれています。多くの建物が同じような小学校、中学校等と比べ、保育の場は園舎の形もさまざまであり、園庭や保育室に置いてあるものも園によりさまざまです。そこには各園の理念や保育者の子どもに対する思いや願いが込められているのです。

とくに、毎日過ごす保育室のどこにどのようなものを用意するのか、そしてそれをどのように置いたり、出したりするのかということによって子どもの日々の遊びの内容やものへのかかわり方が変化していきます。保育者は子どもが今、何に興味、関心をもっているのかということや、それぞれの発達を見通しながら、玩具や生活用品を選択し、子どもが主体的に遊ぶことができるように配置したり、提供していくことが大切なのです。

３ 自然環境

子どもが出会う環境として３つ目に自然環境があげられます。「幼児期の終わりまでに育ってほしい姿」の一つに「自然との関わり・生命尊重」の項目があり、自然とのかかわりの中で育ってほしい子どもの姿として、「自然に触れて感動する体験を通して、自然の変化などを感じ取り、好奇心や探究心をもって考え言葉などで表現しながら、（中略）身近な動植物に心を動かされる中で、生命の不思議さや尊さに気付き、身近な動植物への接し方を考え、命あるものとしていたわり、大切にする気持ちをもって関わるようになる」と書かれています。はじめから形や用途が決まっている人工物と比べて、自然は多様性や変化、応答性があり、かかわることにより子どもが得られる体験は室内での活動とはまた違った意義があるということがわかるでしょう。

近年、都市化や情報化の中で、子どもが自然と触れ合う機会が減少しているといわれていますが、動物や昆虫などの生き物や、草花や樹木などの植物、土や砂、石、そして雨や風、雷など、子どもが出会う多様な自然の対象を具体的にイメージしながら、保育の計画を立て、環境構成や日々の保育実践を行っていくことが必要なのです。

４ 社会的環境

最後に、子どもが出会う環境として、社会的環境があげられます。私たちは、それぞれがさまざまな「社会」に属しています。住んでいる国や地域、子どもが通っている園もまさにその「社会」の一つであるといえるでしょう。そして、それぞれの「社会」の中で育んできた「文化」も子どもが出会う環境の一つです。園での生活の中でわらべ歌をうたったり、こまなどの伝統的な遊びを経験したり、季節の製作や行事を行うことを通して、日本ならではの文化を知ることにつながるでしょう。

また、現在地域での人々のつながりが希薄となり、各家庭が孤立した中で子育てをしていることが問題となっています。社会的環境は地域の商業施設や公共施設なども含まれる幅広い環境になります。子どもが園の生活の中で、さまざまな関係機関や地域社会とつながっていくことの大切さも念頭に置き、計画を組み立てていきましょう。

§3　保育者による環境構成

　保育は環境を通して行うものであること、そして保育の環境には、人的環境、物的環境、自然環境、社会的環境があることを学んできました。ここでは、環境を通した保育を行う際に、子どもが出会うさまざまな環境を保育者がどのように構成するのかという環境構成について学んでいきたいと思います。

1　環境構成とは

　保育の中では、子どもたちが過ごす環境を整える"環境整備"という言葉もよく使われますが、環境を構成することは、安全や衛生面などのそうじや整備のみに留まりません。現在の子どもの姿から、子どもの興味や関心をとらえ、一人ひとりの成長や発達を見通し計画を立て、保育者の願いを込めて環境を構成していく意図的な営みなのです。

　高山静子は、環境構成を「保育者が、保育または保護者支援を目的として、人・自然・物・空間・時間等の環境を意図的に選択し構成する行為」[5]と定義しています。たとえば、昼食という食事の場面で考えてみましょう。子どもの年齢によって置いてある椅子や机、その高さ、食器の大きさ、必要な用具（箸なのか、スプーンなのか等）も異なるでしょう。同じ年齢であっても、時期によって環境構成が異なる場合もあります。このように、保育者が、「人・自然・物・空間・時間等の環境を意図的に選択し構成する」という「環境構成の技術」は、さまざまな知識や経験に基づいた専門的な営みであるといえます。

2　環境構成の際に大切な視点

　保育者が環境構成を行う際に必要な視点について、ここでは3つに絞って考えていきたいと思います。

（1）発達の過程や段階に応じた環境

　環境構成の際にまず大切な視点として、目の前の子どもの興味や関心とともに、子どもの発達の過程や段階をとらえていくことがあげられます（本書p.62～64参照）。勤める園のクラスの編成の仕方（年齢別クラス、異年齢の縦割りクラス等）を考慮し、担任するクラスの子どもの年齢やどのような興味、関心を抱いているのか、また運動機能や手指の発達はどうなのか、仲間関係はどうなのか、普段の遊びはどうなのかということを把握し、それをもとに計画を立て、必要なものや教材を準備し、環境構成を行っていきます。

　たとえば、月齢による発達の違いが大きい0歳児クラスでは、安心できる保育者とのかかわりが確保されるとともに、仰向けやうつ伏せでの応答的なかかわりや、はう、登る、

くぐる、しゃがむ、立つ、歩くなどの探索活動が十分にできるような環境を構成することが大切になります。また、この時期は見る、触る、なめる、操作するなどの経験を通してものとかかわっていきます。何度でも手にできるもの（玩具等）の配置や清潔を保つことも大切なポイントになってきます。また、卒園を迎える5歳児クラスになると、思考力や判断力がつくとともに仲間関係も広がり、友達と協同して目的をもった活動をすることも多くなります。そのため、そのような時間の確保や子どもの発想を具現化できるような環境構成を子どもとともに考えていくことが必要です。ごっこ遊びなどもさまざまな素材を使い、ダイナミックに継続して展開されるようになりますので、個々の子どもが自由に表現できる環境を構成することも大切でしょう。このように、子どもの発達の過程や段階に応じた環境を構成していくことが必要なのです。

（2）子ども自身が遊びをつくり出すことのできる環境

　保育の場の環境を構成する際に、保育室であるのか、園庭であるのか、年齢や個々の個性、興味、関心等、考慮するべきことはたくさんありますが、場所や年齢に関係なく大切にしたい視点として、保育の原則である子どもの主体性を大事にできる環境であることがあげられます。子どもの主体性を大事にするということは、子ども自身が出会う環境にわくわくどきどきしながら、遊びをつくり出し、夢中になって遊び込める環境であることが必要でしょう。そのためには、応答性が高く多様性があり、一通りの遊びではなく、さまざまな遊びが展開できる環境が望ましいでしょう。

　子どもが働きかけると変化し、変化によって子どもがさらに働きかけることができるという応答性の高さやさまざまな形や色、触り心地などの多様性がある対象として思い浮かぶのが、土や泥、水、砂、草花などの自然物があげられます。次頁の、砂、土、泥で遊ぶ子どもの写真を見てみましょう。山をつくる、泥の感触を全身で楽しむ、泥団子をつくるなど同じ素材でもかかわり方はさまざまです。このように、その応答性の高さや多様性から、自然物は感触を楽しむ、造形をする、さまざまなものに見立ててごっこ遊びをするなど遊びの展開も多様です。室内に配置する玩具や素材もこのような点を念頭に置きながら、子ども自らが遊びを展開していくことができるようなものを考えていくとよいでしょう。

（3）人的環境としての保育者の役割

　子どもの興味や関心を把握し、発達を見通して、素材や玩具、用具を選択し、その置き方を吟味して環境構成をすれば子どもの遊びがどんどん深まっていくというわけではありません。保育の場にあるさまざまな環境は、保育者自身の意図や願いの現れですが、その環境とのかかわり方は、そこにいる保育者の存在や援助の仕方によって、大きく方向づけられていくのです。実際に環境構成をした場で保育がはじまると、保育者は子どもの様子により、見守ったり、声をかけたり、モデルとして遊び方を提示したり、共感したり、環

山をつくる

泥団子をつくる

泥の感触を全身で楽しむ

境を再構成しながら必要なものを提供していくなど、さまざまな援助を行っていきます。たとえば、クラスに入ってすぐにある棚の上に、季節の花が毎日のように飾られている保育室で過ごしている子どもたちが、園に来る道すがら、さまざまな草花を摘んできては飾るようになったというエピソードや、虫を怖がっていた子どもが大好きな保育者と一緒に虫探しをしたことで興味をもつようになったというエピソードは、保育者の人的環境としてのありようが子どもに大きな影響を及ぼすことを示しているでしょう。保育者は自分自身のふるまいや考え方が人的環境としてどのように子どもに影響していくのかということを意識的に振り返りながら、日々の実践を行っていく必要があるのです。

> ## コラム　子どもがはじめて出会う文化としてのおもちゃ
>
> 　子どもが保育の場で出会う物的環境の中で遊びに大きな影響を与えるのが、おもちゃの存在になってきます。おもちゃという言葉は、子どもがもって遊ぶ、「持ち遊びもの」を語源として変化したとされています。
>
> 　おもちゃは、子どもがはじめて出会う文化であるといわれ、その時代の文化や生活、世相が反映され、つくった人の想いが込められています。たとえば、江戸時代にはままごと道具や独楽、絵双六など、さまざまな子どもの遊びが浮世絵の題材となっています。また、戦争の足音が聞こえてきた昭和の時代には、おもちゃや双六、かるたなど子どもの遊ぶものも戦争をテーマにしたものが多くなっていきました。現在は、国内外のさまざまなおもちゃを手に入れることが可能になっていますが、保育の場でどのようなおもちゃが子どもの遊びや発達に必要なのかを吟味し、選択していく力が保育者に求められています。日ごろからおもちゃに興味をもって遊んだり、見てみるとよいでしょう。

9章 保育者・教育者に必要な さまざまな保育技術

§1 子どもの遊びと保育者として必要な保育技術

1 現在の子どもたちの遊び

　現在の子どもたちは、以前に比べ戸外で遊ぶ姿がすっかり見られなくなり、家庭や友達の家などの室内でコンピューターゲームなどに熱中する子どもが増大していることは、みなさんも見聞きするのではないでしょうか。昔の遊びは、人の顔を見ながら、コミュニケーションを取り行っていましたが、今ではゲームや携帯電話、パーソナルコンピューターなど、画面を見ながら直接人を介さないような風潮になり、子どもたちの遊びも変化をとげています。

　生活環境の変化は急速に進展し、生活が豊かで便利な世の中になったことから、子どもたちの生活体験が少なくなりました。公園でのボール遊びや木登りの禁止、焚き火での焼き芋の禁止など、これまで身近でできた遊びができなくなったことが大きな理由といえます。また子どもたちは、園や学校から戻ると、稽古事（習い事）に行くようになり、そのため最近の子どもたちには「三間」（空間、時間、仲間）がなくなった、とまでいわれるようになりました。今の園や小学校に通っている子どもたちは、生活経験が不足した子どもたちが多いといえるのです。

2 保育者として必要な保育技術

　ではこのような子どもたちに、保育者はどのように対応したらよいのでしょうか。それは保育者がさまざまな経験を積みながら、経験の大切さを伝えることではないでしょうか。

具体的には声を出してうたったり（音楽表現）、絵を描いたり紙でつくったり（造形表現）、歩いたり走ったり思いっきり体を動かしたり（運動遊び）などの活動を通して、子どもたちがより多くの経験ができるように保育者として援助することです。そして、それを実現するためには、それらの活動を援助するためのさまざまな保育技術を身につけておく必要があります。保育技術には、上述した活動にかかわるものの他にも、日常の保育の中での素話や手遊び、絵本の読み聞かせ、紙芝居などの技術も含まれます。ただ、大切なことは、それらの保育技術のスキルを上げることだけではなく、今の子どもたちに欠けている生活体験を補い、子どものよりよい育ちにつながる技術として身につける必要があります。

　そのためには、そのときどきの子どもの興味・関心に応じた活動を実践できる数多くの保育技術をもつ「引き出しの多い先生」になることです。そして、そのさまざまな保育技術を子どものこれからの育ちにいかすことのできる保育者にならなければなりません。

　ここでは、これらの保育技術の中から音楽表現、造形表現、運動遊びに関する実践を事例をあげて紹介していきます。さまざまな保育技術をいかした体験を積極的に保育に取り入れ、子どもたちに楽しさを伝えていきましょう。

コラム　　遊びからいろいろなことを学ぶ原点に ―伝承遊びを中心に―

　昔の子どもたちは、「伝承遊び」をよく行っていたといわれています。「もう、いいかい？」「まーだだよっ」とかけ声を通じて行う「かくれんぼ」、鬼のまわりに一つの輪になった子どもたちが「かーごめ、かごめ、かごのなかのとーりーは」と口ずさみながら、「うしろの正面」をあてる「かごめかごめ」、「まるかいてちょん」にはじまり、地面に絵を描く「絵描き歌」、「なまむぎなまごめなまたまご」と早口で仲間と競って遊ぶ「早口言葉」、お父さん、お母さんなど役割を担って遊ぶ「ままごと」、他にも「じゃんけん遊び」、「手遊び」、「折り紙」など多くの種類の伝承遊びがあります。

　このような遊びは、親から子へ、子から孫へ、さらには地域の人や園の保育者たちから長年にわたって伝承されてきたものでもあります。以前は誰も知らない人はいないくらい、どの地域に住んでいても子どもが共有できる遊びとして普及していましたが、近年は少なくなってきたように思います。

　このような伝承遊びは生活経験が含まれた遊びであり、子どもたちにも伝えていきたい遊びです。多くの伝承遊びを学び、ぜひ保育に取り入れていってほしいと思います。

§2 さまざまな音楽表現の援助

1 絵本から音を想像する

絵本と音楽 （4歳児クラス、10月）

　ある日の午後、保育室では保育者による絵本の読み聞かせが行われています。何度も読み聞かせが行われている『どどどどど』※）という絵本ですが、子どもたちはこの絵本が大好きです。地面を五線に見立て、ブルドーザーが坂道、でこぼこ道などに合わせて上下したり飛んだりする動きが「ドレミファソラシド」という音階により表されており、その場面ごとに書かれている音名を、子どもたちは覚えてしまっているようです。音名が出てくるたびに「どみそ」「そみど」「みふぁみふぁそらそら」と保育者の真似をしながら、一緒に声を出し読むことを楽しんでいます。その読み聞かせから、子どもたちは音名をうたいながら、自分のまわりにある楽器を使い、音探しをするという遊びに発展させていきました。それぞれが場面に合わせて書かれている音名を、木琴や鍵盤ハーモニカなどを使い、思い思いに音探しをしながら音楽表現を楽しむ様子が見られました。その遊びはしばらく続き、やがてみんなで音を合わせて合奏がはじまりました。

※）五味太郎『どどどどど』偕成社、1992

（1）想像した音に合うものを探す

　事例では絵本『どどどどど』をあげましたが、このように絵本と音楽が関連しているものは数多くあります。この絵本のように実際に音名や音符が書かれていなくても、子どもが好きなお話や絵本には、さまざまな音や音楽が想起されるものがあります。絵本の中の音や音楽が、物語と連動して実際の音として聴こえてくれば、子どもたちの想像力は広がり、わくわくする気持ちや好奇心がかき立てられます。絵本の絵や場面の背景、言葉のもつリズムや登場（人）物の気持ちなどから、音や音楽を考えることは、子どもの想像力や感性を豊かに育む遊びにもつながります。

　子どもの好きな絵本を読んでいるときに、音が出てくる場面や音で表現したい場面、擬音語のある場面などがあれば、それに適した音や音楽を探してみます。その場合、音や音楽は既存の曲でもよいですし、子どもと一緒に自由に音楽づくりをしてもよいでしょう。場面を表現するのにふさわしい楽器や音の出るものを探し、どのように音をつくり出すか考えていきます。

（2）子どもの発想を引き出す工夫

このような活動を行う際、すべてを音に表そうとする必要はありません。子どもたちは興味をもったことや印象に残った場面は、自然と表現したくなります。全部をつくり込むのではなく、まずは子どもたちがおもしろいと感じたところや、印象に残った場面を音で再現してみることからはじめましょう。じっくりと時間をかけ、子どもたちとともに絵本や物語の世界に身を置くことも、保育者にとって大切な役割です。このような活動を行うことにより、子どもたちは創造力を養い、好奇心や探究心を育み、みんなで音や音楽づくりを楽しみながら表現することができるようになります。

（3）保育者の配慮

このような表現活動は、後に子どもたちによる簡単なオペレッタや音楽劇としての活動につなげることも可能です。無理に表現させるのではなく、子どもたちから自然に出てくる表現やアイデアを保育者は見逃さず、それを絵本や物語の台詞とともに奏でることができれば、子どもたちの生演奏によるオペレッタの出来上がりです。

また見本として保育者自身が最初にお手本を見せてあげることもよいかもしれません。子どもたちのイメージを広げたり、自分たちもやってみたいという意欲や興味につながるきっかけにもなるでしょう。その場合、一人で行える音楽表現を伴う読み聞かせでは、話の流れを途切れさせてしまわないよう工夫が必要です。いろいろな音表現を組み合わせたい場合は、絵本を読む保育者と音表現をする保育者というように、役割を分担することもよいでしょう。

2 子どもの発達段階を考慮する

みんなで歌をうたう活動 （5歳児クラス、3月）

卒園式を目前に控えた3月のある日、5歳児クラスでは卒園式の歌の練習が行われています。卒園式の歌には、園生活の思い出がよみがえってくるような歌詞も含まれ、その歌詞が自分の思いと重なり思わず涙がこぼれ落ちてしまう園児の姿も見られます。感情が高ぶっていることに加え、歌の音域が高いこともあり、高い声を出そうと一生懸命に大きな声でうたう子どもの姿も見られます。担当保育者も、子どもの声に負けじと一生懸命に大音量でピアノ伴奏を行います。そして時折「卒園式でみんなとうたう最後の歌になるので、多くの人に届けられるように、元気に大きな声でうたおうね」と声かけする様子も見られます。保育者の声かけと子どもの感情の高ぶりにより、力まかせにどなるような声でうたい続け、その結果、歌本来の抑揚や音程がなくなり、一定のどなり声による音程のずれた歌声が響き渡っていました。一人がそのようなうたい方をすると、まわりも影響を受け、みんなが連鎖反応のように音程のずれた力まかせの声でうたう姿が続いてしまいます。

（1）子どもの声域

　子どもの歌唱可能声域については、年齢や性別による個人差はあるものの、ほとんどが「二点ハ」（日本式の音の表記）までの声域として報告されています（図表9−1）。しかし、園で活用されている幼児歌曲集の曲には、かなり高音域の曲も掲載されています（図表9−2）。高音域だからといって、このような歌曲を選曲しないということではなく、子どもにはなるべく多くの曲を経験させ、曲の美しさや詩の世界を味わってもらうことが望まれます。そのため子どもの歌声を伸びやかに表現させ、全員が自然に心地よくうたえる音域に、保育者が歌そのものを一音か二音ほど調性を低く移調奏することにより、子どもの歌唱に対する不安が軽減され、その後の音楽活動がより豊かなものとなるでしょう。

図表 9-1　幼児の 60％が無理なく歌える声域

細田淳子「第 4 章 幼児の音楽表現」
名須川知子・高橋敏之編
『保育内容「表現」論』ミネルヴァ書房、
2006、p.51 を参照し作成

図表 9-2　高音域の曲の例

・「ゆりかごのうた」：開始音すぐから二点ハ、二点ニ
・「みずあそび」「くつがなる」などその他多数：二点ニ頻出
・「インディアンがとおる」「ともだちはいいもんだ」：最高音に二点変ホ
・「ななつのこ」：二点ホ（原調：ト長調）
・「北風小僧の寒太郎」：二点ヘ

小林美実編『こどものうた 200』
チャイルド本社、2006、参照

 コラム　　　発達年齢に応じた子どもの声域

　子どもの声域も成長とともに発達していきます。各年齢の子どもの半数以上がうたえる正しい歌唱可能声域は、おおむね 4 歳児では、男児が嬰ト〜嬰一点ト、女児がイ〜一点ロ、5 歳児では男児がイ〜一点イ、女児が嬰イ〜二点ハあたりといえるでしょう。

　子どもの歌唱実態を研究している吉富は、4 歳児においては半数の者が「二点ハ」もうたうことがむずかしいと述べています[1]。それに対して幼児歌曲の多くは「二点ハ」はもちろんのこと、「二点ニ」や「二点ホ」に至るまでの声域が求められています。これが大きな課題となってきます。子どもの無伴奏での歌唱開始音の平均は、ほぼ「一点ニ」から「一点ホ」のあたりであるということからも、この音域が子どもにとってもっとも自然に発声できる音域であると考えられます。

（2）保育者の配慮

　事例の卒園式の歌の練習の様子では、保育者の声かけやピアノ演奏にも配慮が必要になってくることがわかります。子どもたちの歌声が、どなり声となった原因の一つに、保育者の「元気に大きな声でうたおうね」という声かけがあります。それにより子どもたちが「元気のよい声＝どなり声」と思い込んでしまう場合があるのです。そしてその声に対しても「元気がよくていいね」と、保育者がそのままうたわせてしまっている可能性もあるでしょう。その結果、どなり声でうたうことが習慣化されてしまうことになります。しかし、そのようなうたい方では、歌本来のもつ抑揚の美しさや、まわりの子どもたちと声を合わせてうたう楽しみを味わうことはできません。またどなり声でうたうことは、子どもの声帯を傷つけてしまい、のどを緊張させ、体に力が入った状態になるため、心地よいリラックスした状態での音楽の楽しみや表現は生まれません。このように、なぜ子どもたちがどなり声でうたうのかという原因を考えてみることも必要です。

　保育者は子どもの歌声を理解し、どのような声で子どもたちにうたってもらいたいかというイメージをもつことが大切です。保育者の声かけにより、子どもたちの歌声は確実に変わります。たとえば「お友達の声も聞こうね」とか「お友達と声を合わせて」などと声をかけることにより、4歳児くらいになるとすぐに声色が変化します。または保育者自身がうたい、声を聴かせることもよいでしょう。みんなでうたう意味、そして声を合わせてうたう喜びを感じられるよう、保育者の声かけにも配慮が必要です。

　またせっかくの子どもたちの歌声をかき消してしまうほどの音量のピアノ伴奏は必要ありません。ピアノ技術に自信のある人は音量が大きくなりがちなので、とくに気をつけましょう。保育室の大きさ、響き、そして子どもたちの歌声のバランス、それらをよく聴き、歌声に寄り添える伴奏となるよう配慮しましょう。

　子どもにとって最初に音楽と出合う園での音楽活動は、うたうことの楽しさと喜びを経験できることが望まれます。保育者はすべての子どもたちが無理なく発声し、のびのびと表現できる環境を整えることが大切です。

§3 子どもの造形表現を深める援助

1 五感を働かせ周囲の世界を探索する ―3歳未満児の表現―

五感をひらく（2歳児クラス、7月）

　好奇心旺盛なYちゃんは、目に入ったものを何でも触りたがります。母親は目が離せません。想像できないような冒険をしていることがあるからです。鳩のフンをつまんでいたこともありました。また、Yちゃんは同じことを何度も繰り返します。プリンのカップに砂を入れて型抜きをし、いくつも並べ、最後は必ず全部つぶすのです。もう十分だろうと思って声をかけても、なかなか家に帰ろうとはしません。

　2歳の終わりごろになると、冒険してきたものの中にYちゃんのお気に入りができました。母親や保育者に手伝ってもらい、砂の中に埋まってみたり、段ボール箱に隠れて窓からのぞいたり、色鮮やかな広告紙を使って変身したりして自分なりに楽しんでいます。

（1）3歳未満児の子どもの世界

　子どもは全身で世界を感覚しています。好奇心を原動力に、五感を働かせて周囲の世界を探索しているのです。園庭の砂や水、風や石、小動物や植物、頭上の空や雲、園内の新聞紙や段ボール箱、紙皿やストロー、クレヨンや画用紙、ビニールテープや毛糸等、子どもの周囲には好奇心をくすぐるものがあふれています。このような自然物や日用品との出合いを重ね、五感はひらかれていきます。

　この時期の探索行動は、ときに無謀であり、ときに無駄に映ることがあります。探索行動は自分とまわりの世界の関係を構築する行為です。私たちからすると想像が及ばぬような冒険であったりもします。また、ものを投げたり落としたり、破いたり壊したりを繰り返したり、自分でつくったものをわざわざ壊して楽しんだりする様子が見られます。これらの行為に保育者はどのように寄り添えばよいのでしょうか。表現という言葉は、創造的

な行為、何かをつくり出す行為ととらえられがちです。しかし、一見、マイナスの行為に見えるこれらもまた表現です。子どもは身のまわりの世界に働きかけ、世界を感覚し、変容させ、自分の存在の確かさを繰り返し確認しています。それらの経験によって得られる自己効力感や達成感は意欲や情動を育てます。

（2）信頼関係をもとに知的好奇心を育む表現の芽生えの時期

　まだ世界との関係がおぼつかないこの時期の子どもにとっての保育者はとても重要な存在です。保育者は子どもの思いを受け止め、その思いを大切に見守り、達成感を得られるよう援助し、励まし、喜びを共有する存在です。子どもが果敢に冒険に挑むのは、安心して存分に表現（探索）できる場と時間と、どこでもいつでも表現（探索）を温かく見守り続ける保育者の存在を身近に感じているからです。子どもは自分の思いを受け止め共感してくれる保育者に、その思いや行動を見てほしい、聞いてほしい、伝えたいと思うようになります。その思いが表出を表現へと育むのです。

　視点を変えてみましょう。表現には「表現の芽生え」の時期があります。真似たり、なぞったり、思いが自ずと体の動きに現れたり、同じことをひたすら繰り返したりすることは、表現の発達過程からすると未分化な表現の芽生えの時期としてとらえられます。この表現の芽生えの時期に、五感を通してさまざまなものとかかわり、情動を働かせた体験はその後の表現への分化に現れます。ものを活用する造形では、材料や道具の性質を体験的に知っていることが表現することを促し、楽しくします。このような子どもの知的好奇心を刺激する環境を計画的に構成することも保育者の援助です。豊かな表現は、表現の芽生えの時期における子どもと保育者の信頼関係と、豊かな体験をもたらす環境構成に支えられています。

2 自然素材から感性をみがく ―3歳以上児の表現―

「草木染め・絞り染め」―体験を深める （5歳児クラス、11月）

　晩秋のころ、5歳児クラスでは「草木染め」と「絞り染め」を楽しみました。散歩の途中でセンダンソウを摘みました。種が服にくっつくと厄介なセンダンソウです。いつもは避けて通るのですが、今日は種をいっぱいくっつけながら両手で抱えて帰ってきました。なわとび入れの袋を「ひまわりの色」に染めるためです。

　センダンソウを鍋に入る長さに切るのは大変です。この時期のセンダンソウの茎は硬く、ハサミに力が入ります。鍋にたっぷりの水を入れてセンダンソウをぐつぐつ煮ると……「変なにおい〜」と鼻をつまんだり、「お茶みたい！」と顔を鍋に近づけたりと反応はさまざま。保育者がざるで鍋の中のセンダンソウをこすと茶色い染液（せんえき）ができました。子どもたちは模様ができるように割り箸とゴムで絞った布を、一つ一つ茶色の染液に入れて「ひまわりの色」になるのを待ちました。保育者は染めむらができないようにと箸で布をぐるぐるかき回したり、布を上下に出したり入れたりしました。色留め用の媒染液（ばいせんえき）につけて布を開くと、絞り模様がひまわりの色に染め分けられました。ひまわりの季節の青い空、園庭で遊んだときの汗のにおいやセミの声、ひやっとして気持ちよかった水の感触がよみがえりました。

（1）豊かな感性を育む自然

　園庭や散歩コースで出合う自然の姿を通して、子どもは季節の移ろいや生命の理（ことわり）を敏感に感じ取っています。感性とはこのような日々の素朴な体験に情動や価値が伴い、表現を育む土壌となるもので、子どもの日々の体験は保育者の言葉かけや働きかけで価値あるものになったり、無価値になったりします。豊かな感性の育ちには、保育者自身が豊かな感性をもつことが大切です。

　豊かな感性を育む最良の教材はどのようなものでしょうか。多様で調和的、美しく偽り

のない自然は子どもの日々の生活とともにあるもっとも身近な教材です。いつもの散歩コースで出合うちょっと厄介なセンダンソウを草木染めの染料とすることで、子どもは美的感性や創造的感性を働かせ、自然の豊かさや奥深さの片鱗に触れました。自然を体感、体験することは子どもの感性の育ちには欠かせないものです。

（2）造形表現を豊かに育む3つの視点

造形表現を豊かにする3つの視点があります。造形要素の「形」「色」「材質感」です。要素が一つ欠けても造形は成立しません。豊かな造形表現は造形要素である形、色、材質感への感受性や想像力が基盤となります。それらは日々の生活の中で造形要素に着目した保育者の言葉かけや環境計画により育まれます。

造形技術や技法は、表現の分化や表現力を高めます。日々の生活の延長では体験できない造形技法を用いた活動は、子どもに日常では味わえない驚きや感動をもたらします。事例の絞り染めは染め抜かれる「形」に着目した技法です。子どもたちは染め抜かれる形を自分なりに想像し、布をゴムで絞りました。布を広げたとき、その形は想像とは異なりましたが、偶然にできた形の美しさに気づきました。一方、草木染めは「色」に着目した技法です。センダンソウが内に秘めた色は、絵の具やクレヨンとは感じが違いました。やさしいふんわりとした色は、布を染める染色独特の風合いです。保育者はセンダンソウで染める色を「ひまわりの色」と表現しました。子どもたちは染める前にそれぞれのひまわりの色を想像したことでしょう。ひまわりの色は一人ひとりの夏の思い出に残る特別な色です。絞り染めと草木染めという造形技法が造形体験を深めた事例です。

（3）子どもの造形表現への言葉かけ

子どもの造形表現への言葉かけは意外にむずかしく、ワンパターンになりがちです。「きれいだね」「いいね」「おもしろいね」「すごいね」「かっこいいね」「かわいいね」「がんばったね」等の繰り返しになっていませんか。造形要素である形、色、材質感に着目し、それらのイメージが広がるような言葉かけをしてみましょう。「強い線だね〜」「とんがってて痛そうな形だね」「牛乳にバナナが混ざったみたいな色」「つるつるしてて気持ちよさそう」など造形要素に触れると、子どもは形や色、材質感や材料を意識するようになります。造形要素を楽しみ工夫するようになると、造形表現はぐっと豊かになります。

§4 子どもの身体表現・運動遊びを豊かにする援助

1 子どもの運動イメージを大切にする

どうするとオニに捕まらない？ （5歳児クラス、5月）

　5歳児クラスで「ふえ（増え）オニ」（オニに捕まったコもオニに加わる鬼ごっこ）をしています。一人の子どもがオニ（捕まえる役）、残りの子どもがコ（逃げる役）となり、鬼ごっこがはじまりました。コの子どもは一斉に逃げ出しましたが、序盤から次々とオニに捕まり、あっという間に全員がオニになりました。

　遊びが一段落ついたとき、鬼ごっこの様子を見ていた保育者は、「どうするとオニに捕まらないと思う？」と子どもたちに問いかけました。すると、「床にぺちゃんこになる」や「転んだふりをする」など、子どもたちからさまざまな意見が出されました。保育者には「オニの動きを見て、オニから遠ざかるように逃げてほしい」との思いがあったので、さらに子どもたちに意見を求めました。

　Aちゃんの「オニに見えないように逃げる」との発言をきっかけに、子どもたちの話題は、「オニから見えなくなる方法」へと向いていきました。Dくんが「透明人間になる」といえば、Fくんが「速く動くと消えるよ」と言葉を足し、それらを受けてNくんが「足を速く動かしてビューンと走ればいいよ」と返しました。保育者が「みんなは透明人間になれるの？」と声をかけても、お構いなしに子どもたちの話し合いは盛り上がっていました。

　この場面において、子どもたちは、これまでの生活や遊びから得た経験を拠り所とし、互いの思いを伝え合いながらイメージを共有し、自分たちなりの「オニに捕まらないための仮説」を立てています。しかしながら、子どもたちが立てた仮説は、大人からすると役に立つかどうかが疑わしい策のように感じてしまいます。だからこそ、保育者は、「オニをよく見て逃げる」との見方を何とかして引き出したいと思い、子どもたちにさらに意見を求めたのではないでしょうか。

　ここで、子どもの運動意欲を引き出す保育者の働きかけについて考えてみます。保育では、子どもが興味や能力などに応じて自ら活動を選択したり、試行錯誤を重ねながら活動を自分なりに工夫したりできるように、遊びを援助することが重要です。子どもの主体的な活動を中心にした保育を実践するためには、保育者は一方的に答えを与えるのではなく、遊びの状況を整理・確認した上で、子どもの意思を尊重しながら、解決策への見通しがもてるような気づきを子どもに与えることが必要だとされています[2]。確かに、鬼ごっこを

援助する際には、「オニに捕まらない逃げ方がわかる・できる」を活動のねらいに設定し、目的と一致するような動き方を具体的に教えることが必要な場合もあるかもしれません。しかし、目の前にある遊びに対して、子どもたちが「おもしろそうだな」や「やりがいがありそうだな」と感じられるようにするためには、「床にぺちゃんこになる」や「透明人間になる」などの子ども同士のやりとりに見られたような、興味との調和や経験との接続を可能とする保育者の働きかけが大切になります。保育指針、教育要領、教育・保育要領の領域「健康」の内容の取り扱いに記載されている「十分に体を動かす気持ちよさを体験し、自ら体を動かそうとする意欲が育つようにすること」を実現するためには、子どもたちが「確かめる」「挑む」「試す」ことなどに思いをめぐらせ、「体を動かしたい」との衝動に駆られるような活動内容の選定や環境の構成、保育者の働きかけが必要です。

　実際のところ事例の場面のあと、保育者はオニに捕まらないための解決策を説明しようとしましたが、思い留まり、「もう一回、鬼ごっこをしてみよう」と子どもたちに提案しました。同じ遊びに取り組んでも先ほどと似たような状況が繰り返されるのではないか、と考えた保育者は、「ふえオニ」の遊び方の条件を少し変更した「手つなぎオニ」（オニに捕まったコは、オニと手をつなぎ他のコを追いかける）を子どもたちに紹介しました。鬼ごっこがはじまると、コの子どもたちは、他のコやオニがいない広い場所で勢いよく走ったり、床に伏せたり、転んだふりをしたりするなど、さまざまな方法でオニの追跡・捕捉から逃れていました。オニの動きをよく見て、オニが見ていないすきに仮説を実行する子どもたちの姿は、偶然にも保育者が子どもたちに期待していた姿と重なっていました。それは、保育者の「どうするとオニに捕まらないと思う？」との問いが、その時点において子どもたちが鬼ごっこを楽しむための必要条件（＝遊びのコツ）として成立していたからだといえます。また、保育者が子どもの思いを受け止め、子どもとともに解決策を探ろうとしたことが、結果として問いに対する答えを導き出すことにつながったのではないでしょうか。

　このように、運動遊びを指導する際は、子どもが抱く運動イメージを大切にした援助が求められます。子どもは、「やってみよう」や「できるかもしれない」などの気持ちになって運動しようとするとき、実際に動いているような感じを体の中で思い浮かべ、うまくいく動き方を想像しています。保育者は、子どもたちが想像する「動き方の感じ」を自分のものとして感じ取り、あたかも自分がやっているかのようにとらえてみることも必要です。そのためには、遊びを構成するルールや動作を把握した上で、その遊びの本質的なおもしろさを体験できるような環境を創出し、うまくいく動き方を見出そうと試行錯誤する子どもの目線になり、ともに遊ぶ仲間としてかかわることが求められます。

2 多様な運動機会を保障する

マットがあるから （4歳児クラス、10月）

　4歳児クラスでは、運動会で5歳児クラスが実演した「跳び箱遊び」に取り組んでいます。ある日の活動では、5段の高さ（約70cm）の跳び箱の上に手をついて跳び乗り、跳び降りるという課題に挑戦していました。

　Eちゃんは、跳び箱まで勢いよく走ってから踏み切り、手をついて体を持ち上げますが、跳び箱の上に乗ることができません。一緒に活動するRちゃんが手本を示しながらうまくいくやり方をEちゃんに教えています。Eちゃんは、Rちゃんの励ましを受けながら何度も挑戦しますが、なかなか成功することができません。Eちゃんは、跳び箱の高さが怖いようで、次第にやる気を失っているように見えました。

　しばらくしたあと、RちゃんがEちゃんに向かって「マットがあるから大丈夫」「落ちても痛くないよ」と声をかけました。Rちゃんは、マットで遊んだ経験を持ち出しながら「大丈夫」だと伝えているようでした。Rちゃんの話に納得した様子のEちゃんは、前向きな気持ちを取り戻し、その後も挑戦し続けましたが、その日の活動では最後まで成功することはありませんでした。それでもEちゃんは、活動終了後、満足感を得たような表情で「もう少しでできそうだった」と感想をいいました。

　Eちゃんが跳び箱の高さへの恐怖や不安を乗り越えて粘り強く挑戦する姿や、Rちゃんが友達の挑戦に協同する姿は、保育において育みたい資質・能力のうち、「学びに向かう力、人間性等」につながる経験だと考えられます。EちゃんとRちゃんのやりとりを見ると、2人はさまざまなマット遊びに取り組む中で、活動にかかわる動作を経験していただけでなく、マットが活動の安全性を担保してくれる道具であることを体験的に理解しているようです。マット遊びの経験により蓄積された気づきが意味づけされ、跳び箱遊びにいかされる過程は、「子どもの育ちの連続性」のある活動だと解釈できます。このように、ある遊びの経験が関連をもちながら次の遊びへとつながり、さらに次の遊びへと広がっていくことにより、幼児期の育ちに必要な多様な経験の積み重ねが可能になると考えられます。また、乳幼児期は、神経系器官の著しい発育に支えられ、日常生活や運動・スポーツ場面において、生涯にわたり必要とされる動作を幅広く獲得する非常に大切な時期になります。そのため、乳幼児期の運動遊びでは、運動機能の発達を促すためにも、多様な活動を通して体の諸部位を十分に動かすことができるように配慮する必要があります。

　ここで、マットを使った遊びや運動を例にあげ、領域「健康」の内容の取り扱いに記載されている「多様な動きを経験する中で、体の動きを調整するようにすること」について考えてみます。体操などで使用するマットは、スポンジなどの芯材とその外側を被う帆布が糸で固定された丈夫なつくりになっており、適度な柔らかさ、厚み、広さ（幅×長さ）、

　重さがある教材です。マット遊びに多様な経験を組み入れるためには、子どもたちがマットの"もの"としての特性を存分に感じるような物的・空間的環境の構成が大切です。たとえば、マットの柔らかさや厚みを感じるためには、「複数枚重ねて敷く」や「マットを丸めて置く」など使い方を工夫します。次に、構成した環境において、マットの"もの"としての特性を感じられるような動作を選択し、動き方を調整できるようにすることが必要です。動き方の調整には、力の抜き入れなどに関する力量的調整、速さやリズムなどに関する時間的調整、移動や身体部位を操作する範囲に関する空間的調整があります。たとえば、「2枚のマットを重ねて離れないようにロープ等で結びつけてつくった環境」では、マットの間を「這ってくぐる」ことにより、マットの広さや重みを感じることができます。また、結んだロープの長さを変えてマットの間の高さを調整できるようにすれば、さまざまな這う動作が誘発されます。このように、子どもたちが多くの種類の動作を多様な条件下で経験できるようにするためには、「教材の"もの"としての特性」「教材の使い方」「動作の選択」「動き方の調整」を掛け合わせた活動を組み入れた運動遊びの意図的・計画的な実践が必要です。こう考えると、EちゃんやRちゃんが安全に活動できる環境や状況を認識できるようになったのは、マット上を転がったりマットに衝突したりするなど、多様な体験を通してマットの柔らかさや厚さなどの特性を感じ取っていたからではないでしょうか。

　さらに、Eちゃんがあきらめずに繰り返し挑戦する姿がありましたが、その背景には、「できる・できない」にかかわらず「やってみよう」と活動を受け入れ、今はできないかもしれないが「やればできそうだ」と成功への期待感を抱くような心情があったと思われます。Eちゃんは、Rちゃんの励ましや教え、上手に実行する姿（模範）を糸口にしながら、過去の経験で得た運動感覚の中から目的にかなう体の動かし方を探り当てようとしています。Eちゃんが目的にかなう体の動かし方を見出すためには、一種類の動作に取り組むだけでなく、さまざまな物的・空間的環境下で「跳び乗る」動作を経験することが必要です。失敗を繰り返していた状況を考慮すると、跳び箱に加えてマットや平均台なども用いた環境において、「走る」「跳ぶ」「（腕で体を）支える」「よじ登る」のうち複数の動作を組み合わせ、目的にかなう体の動かし方と類似した動作を経験することが重要だといえます。動き方が「わかる」「できる」を目指すような活動では、子どもたちが「これならうまくいきそうだ」との運動感覚を探し、蓄積できるように活動に系統性をもたせることが大切です。また、子どもたちが偶発的な成功をきっかけに動き方のコツを意識するようになったあとは、同じ環境で繰り返し経験することも必要になります。保育者は子どもの状況に合わせて「教材の"もの"としての特性」「教材の使い方」「動作の選択」「動き方の調整」を工夫して、子どもが多様な運動を経験できる機会を保障していく必要があります。

10章 さまざまな子どもや保護者を支援する保育者・教育者

§1 発達障害と子どもたち

1 学びのしづらさ・生活のしづらさを抱えた子どもたち

（1）特別支援教育の視点

　みなさんは、「友達と同じ行動ができない」「正しい文字を書きたいのに友達のような文字が書けない」等、生活や学びに課題を抱えた子どもが存在することを知っていますか。きっと、自分たちも何度も練習して、努力してやってきたのだから、「甘えているのではないの？」とか「辛抱が足りないのではないか？」など、疑問をもたれるかもしれません。逆に、「わかるよ」とか「自分も似た経験をした」などと共感するかもしれません。

　一つ例をあげましょう。ある著名な映画俳優は、LD（限局性学習症）といって、簡単に説明しますと、文字がうまく読めない発達障害があるということです。台本を読み込んで理解することもむずかしいため、現在でも聞いて覚えておられます。では、台本を完全に読むことがむずかしい映画俳優が、なぜ全世界を股にかけるトップスターになり得たのかです。容姿端麗だけでは成し得ません。そこには、「読めなかったら、聞いて覚えればいいんだよ」と代替手段をそっとささやいてくれる大人や友人の存在が大きかったのだと思われます。逆に、皆と同じように「読める」ことばかりを周囲が強要していたら、彼はトップスターどころか、「自分はみんなと同じことができない駄目な人間なんだ」と自信を失い、自分を否定的にとらえ、園や学校に行きたくても、行けなかったかもしれません。それよりも「そうか。読めなくても聞いて覚えればいいんだ」と方向づけてくれる大人の存在こそが重要です。

　一人ひとりの思いや願いは、100人いたら100通りです。だからこそ、将来、保育者を目指すみなさんには、一人ひとりの違いを認め、その子がその子らしく輝けるような援助ができる保育者になることを期待しています。そして、そのような教育を特別支援教育といいます。特別支援教育は、いわゆる「障害のある子ども」だけに行うものではなく、すべての子どもたちに行うものです。特別支援教育の視点（子どもを深く見る眼）は、すべての保育活動の原点です。

（2）早期発見・早期療育

　地域の園訪問に行きますと、とてもかわいい園児が園庭で遊んでいます。その中にダウン症のCちゃんがいます。Cちゃんは、毎朝、母親と手をつないで元気に登園してきます。人懐っこい性格もあって園でも人気者なのですが、入園当初は、保育室どころか、園舎に入ることができずに、泣いて母親にしがみつき、頑なに登園を拒んでいました。一度「嫌だ」と思ったら、梃子でも動かない頑固さもあり、随分と周囲をやきもきとさせます。しかし、気持ちがいったん切り替わると「さっきの様子は一体何だったの？」とこちらが困惑してしまうほど、満面の笑みを浮かべ、砂場でダムをつくったり、保育者を独占してボール遊びに没頭したりします。保護者も保育者も、「天使のような笑顔を見ていると、大人のほうがいやされ、日常の苦労も吹き飛んでしまう」と口を揃えます。

　Cちゃんは、生まれながらにしてダウン症の診断を受けました。保護者は、当初は随分悩まれたそうです。「なぜ私の子どもなの？」「私は何か悪いことでもした？」この言葉は多くの保護者が感じるものです。病院に行けば、他の子どもと比較をし、園に行けば、また他の園児と比較をし、みんなと同じことができない我が子に落胆の毎日です。

　そんなときに、園のB先生と出会います。B先生は、Cちゃんにじっくりかかわっていき、みんなとの比較ではなく、Cちゃんの育ち（発達）をとても大切にした保育をされました。運動会では一番最後になっても、B先生がいつも手をつないでゴールしてくれる、生活発表会でも、一緒にクマのお面をかぶって舞台に出てくれる。当のCちゃんは周囲のことなど全く気にせず、ケロリとしているのですが、B先生の保育の姿勢に何より励まされたのは、保護者でした。今では保護者も「早く発見して、早くこの子に合う保育がしていただけて本当によかった」と涙ながらに話しておられます。ついつい、私たちは皆と同じことができることを望んでしまいます。ときにぐんぐん伸びる子どももいれば、立ち止まって力を蓄えている子どももいます。みなさんなら、どんな保育者になりたいですか。

②　対人援助を行う施設職員として

　筆者が訪問相談をする成人の障害者入所施設では、入所者がパンやクッキーを焼き、畑作業をし、お店の下請け作業や色鮮やかな「さをり織り」（機織りの手法の一つ）をしながら、その人らしい豊かな人生を送っておられます。施設で行われる学園祭などでは、地域のボランティア活動の学生、また、職場体験で訪れている中学生、高校生、地域の方など、日ごろ、一見、閉鎖的に見える施設もにぎわいを見せています。中でも、利用者と地域のみなさんとで企画した紅白歌合戦は、歓喜あふれて、参加者全員が喜びと笑顔で一体となります。体験で参加した中高生も、最初は硬い表情をしていたのが、自分の想像をはるかに超える素晴らしい目の前の光景に驚き、そして安心し、利用者のみなさんとの触れ合いの中で、「少し怖いな」と思っていた思いも一気に吹き飛び、ちょっとした自信となることもあるようです。そして、そのような貴重な現場による体験が、「自分は福祉の道に進みたい」「障害のある子どもの療育をしたい」と自分の将来を方向づけることも多々あるようです。

　その一方で、児童養護施設や知的障害者施設で、職員による心ない発言や虐待の報告をよく耳にします。しかし、このような事例は全国的に見ると氷山の一角に過ぎません。このような事例を未然に防ぐには、学生の時期に対人援助に関する深い学びと経験が必要です。「無理解の一生懸命が当事者には一番迷惑」という言葉があり、一生懸命だけでは、利用者の本当の思いや願いに寄り添えないこともあることを事前に理解しておくことで、共感的理解に満ちた手応えのある実践へと発展していくことでしょう。さらに、障害者施設に入所する利用者が安全で安心して過ごせる施設とするために、対人援助を行う施設職員の意識向上も重要といえるでしょう。学生の時期にボランティアやイベント等で学んだことは将来の基礎となります。差別や偏見のない鋭い人権感覚を養う意味でも、機会を見つけてよい体験を積み上げていきましょう。

§2　心に課題を抱える子どもたち

1　場面緘黙児と向き合う

　こども園にこの春から通うMちゃんは、一見、どこにでもいるやさしい園児です。でも、どうしても他のお友達のように（音声言語の伴う）言葉が出ず、うまく周囲とコミュニケーションが取れません。朝の会や運動遊びの場面で、Mちゃんはぽつんと一人で立ち尽くしたり、求めた活動に対して尻込みしてしまうので、保育者も「Mちゃん、声を出してお話しようね」「Mちゃん、先生、今何ていった？」とついつい注意しがちになります。そのような様子は毎日続きました。次第に周囲からは、「Mちゃんはお話ができない子ども」と思われるようになりました。担任保育者も自分の保育が間違っていたのではないかと思うようになり、降園時に迎えにきた母親にMちゃんの園での姿をありのままに話すことにしました。すると、母親は、「お家では、自分から進んで家族と会話をし、大きな声で笑います」とおっしゃいました。逆に、母親は、家での姿はあまりにも積極的なので、こども園で担任保育者から伝え聞く我が子の姿がどうしても信じることができない様子でした。

　ある朝、母親から「先生、お家では全く問題なく話していますから大丈夫です」「先生、もっと厳しくいってください」と担任保育者に伝えられました。それを聞いた保育者は、きっと園では甘えているのだろうな、ちょっと厳しく伝えたら、話してくれるに違いないと思い、その日の朝の会は、嫌がるMちゃんに少し厳しく、みんなの前でお話することを求めました。また、活動の場面でも少し強めにMちゃんを促し活動させました。「これもMちゃんのため」「Mちゃんもきっと慣れてくればみんなと楽しく過ごせるはず」と不安な気持ちを半ば奮い立たせて保育を進めました。

　ある日のこと。Mちゃんは園を欠席しました。担任保育者が家に連絡すると、母親が困った様子で、「どうしても園に行こうとしない」「強く促すと大泣きして大暴れする」とのことでした。保育者は、ハッとしました。Mちゃんは毎日がんばって園に来ていたのに、そのがんばりを少しも認めようとしないで、みんなと同じことばかりを求め、でも、本当は、担任保育者の自分が自分の思う通りにやらせたかっただけなのではないかと深く反省をしました。

　その後、保育者は園内研修会を開き、全教職員で、Mちゃんのようなお話をしたくてもうまく声に出してお話ができない状態の子どもたちのことを共通理解しました。まずは、Mちゃんが「安心できる環境」をつくること。それは、園舎だけを安全・安心にすると

いう意味だけではなく、教職員が子どもを理解して、子どもが安心して過ごせる環境になることです。それからMちゃんの「表情や身振り等もMちゃんの言葉」としてとらえて、コミュニケーションを取ること。さらに、Mちゃんの「わずかな言葉」を教職員の最大限の喜びとして、Mちゃんが「話してもいいんだ」と実感できるような取り組みを積み上げていきました。

　保育者たちの献身的な取り組みもあり、今ではMちゃんは、園でみんなと笑顔で遊び、少しずつ自分の思いを保育者や友達に伝えられるようになりました。そして、その取り組みは、継続して就学先の小学校以降にもていねいに引き継がれていきました。

② 情緒に不安を抱える子どもたち

　子どもの中には、情緒の現れ方が偏っていたり、その現れ方が激しかったりする状態を、自分の意思ではコントロールできないことが継続し、園生活や学校生活、または日常生活に影響を及ぼしている子がいます。

　Sちゃんは、慣れない人から名前を呼ばれたり、注目されたりすることが苦手な子です。4歳児からの入園でしたが、集団に馴染めず、母子登園をしてきました。Sちゃんが園にいるときは、母親は保護者室で待機して、Sちゃんは気持ちが崩れると、母親のもとに駆け寄り安心する姿が多々ありました。一見、保護者は甘やかせていると感じられるかもしれませんが、Sちゃんにとっては、母親が近くにいてくれる安心感があるからこそ、安心して園で過ごせていることを保育者は忘れてはいけません。それは、遅かれ早かれ、みなさんにもあった行動です。その行動を愛着形成と呼びます。心理学的にはアタッチメントといいます。簡単に要約すれば「くっつく」ということを意味します。子どもは十分に保護者にくっついて、安心して、心や体を発達させる誰もが通過する必要な行動なのです。

　母親は、進級をきっかけに、母子登園に区切りをつけさせたいと希望されました。それは、母親にとって並々ならぬ決断であったことでしょう。初日は、通用門から母親に抱っこされて、保育者の手に抱っこへの登園でした。すると意外に、はじめての日は、保育室に入ることができました。しかし、次の日から、母親が帰ることがわかったSちゃんは、泣いて母親にしがみついて離れません。それでも、母親の決意は固く、預けて帰られました。声を上げて泣くこともできず、保育者に抱っこされ顔を覆

い隠して泣く日々が続きました。Ｓちゃんもつらい日々でしたが、帰る母親もその決断に不安でつらい日々でした。Ｓちゃんは人前で食事ができず、給食も一切食べられませんでした。それだけ敏感で慎重なＳちゃん。そして、「食べたいけど、食べられない」ともいえず、その思いを「泣く」という表現でしか周囲に訴えることができなかったのです。保育者は、「では、好きなものだけにする？」とか、ならば「Ｓちゃん、食べなくていいよ」ともいえず、保育者たちも、もうどうしてよいかがわからない状態でした。もう、Ｓちゃんにかける言葉がみつかりませんでした。

　Ｓちゃんは母親が帰ってしまうことで、不安が大きく現れた状態でした。「食べたいけど、食べられない」。このことからわかることは、普段よく目にする光景として、私たちの「一口だけ食べたら」という何気ない言葉かけが、いかに子どもの食文化に対する恐怖心を増幅し、その結果、給食嫌いの子どもをつくってしまうということです。Ｓちゃんのように、はじめて母親と離れて、不安でいっぱいの中ではなおさらです。みなさんの中にも幼少期の苦い経験が多少ある方もいらっしゃるかもしれません。しかし、抱っこでしか登園できなかったＳちゃんは、今では歩いて泣かずに来てくれるようになりました。保育者のひざの上で妹と仲良しの友達が遊ぶ様子を顔を隠してでしか見られなかった日から、園庭を走れるようにまでなってきたＳちゃん。その成長を温かくこれからも見守っていきたいと思います。

　子どもは一人ひとり違います。繰り返しになりますが、だからこそ、保育者はその違いを認め、その子がその子らしく輝けるような援助をすることが大切です。そのためには、§1で見たように、保育者がすべての子どもに特別支援教育の視点をもつこと、また、§2で見たように、個々の保育者だけではなく園全体での組織的な取り組み、保護者との協働、また関連機関との連携などが必要です。

§3　障害のある子どもの保護者の心理と子どもの就学

　ここでは、障害のある子どもの保護者の心理と、障害のある子どもたちが卒園後、小学校もしくは特別支援学校などへ就学するまでについて解説していきます。なお、校種間の連携を含めた子どもの就学については、12章（本書 p.121 ～ 122 参照）で後述します。

1　障害や発達に課題のある子どもの保護者の心理

　保護者が我が子に障害があるとわかってから障害を受容するまでには、ドローター（Drotar, D.）の段階説によると「ショック」→「否認」→「悲しみと怒り」→「適応」→

105

「再起」の段階を追い、その段階を経過する期間は人によってさまざまです。園には、言葉の発達がゆっくりな子ども、体が不自由な子ども、慢性的な病気を抱えている子ども、身辺自立がまだ不十分な子ども等が少なからず存在します。先天的な肢体不自由や慢性疾患のある子どもは、生まれてから早い段階で保護者は障害と向き合いはじめます。

　一方、軽度の知的障害等が疑われる子どもについては、障害の認識さえない場合もあります。障害がある場合、「早期発見・早期療育（支援）」が、予後によい影響を与えることがわかっているため、保育者は、その子にあった療育や支援のあり方について保護者への提案を試みます。しかし、療育を受けることや特別な支援としての職員加配に同意する「適応」の段階にある保護者もいれば、子どものがんばりに期待し特別扱いは必要ないと考える「否認」の段階にある保護者もいます。

　いずれにしても保護者が、子どもの将来の幸せを願っていることは共通しています。私たち保育者は、障害とはあくまでもその子の状態像であって、障害という概念にとらわれず、その子のどんな課題をどのように支援すれば成長を促すのかを、保護者の心情（心理）に寄り添いながら考えることが求められています。

2　障害のある子どもの就学と特別支援学校

（1）義務教育への就学について

　通常の学級では十分な教育が施せないと考えられる場合は、その子にどのような教育上の特別な支援（特別支援教育）が必要か、各市町村教育委員会が設置する教育支援委員会にて検討されます。その対象者は、園内で早ければ4歳児クラスのうちに、遅くても5歳児クラスの5月ごろまでには検討がはじまります。園からあがってきた対象者は、以前は委員会が就学先を決定し保護者が承諾する形をとっていましたが、2016（平成28）年の障害者差別解消法の施行以降、委員会は保護者の意向を十分に尊重した上で検討し、決定した内容について合意形成を図ります。しかし合意形成は、通常の学校や学級では教育が十分に受けられない理由を説明することではうまくいきません。普段からどのような教育がその子にとってよりよい成長につながるのかを保護者と一緒に考え共通理解しておけば、それが保護者が子どもに受けさせたい教育や支援の意向となり、合意形成は図りやすくなります。そのため、保育者として、特別支援教育のことはもちろん地域の実情や就学に関する進め方を知っておく必要があります。

（2）就学の進め方

　特別支援学校とはどのような学校でしょうか。知人に通っている子がいたり、学校間による交流教育を経験したりして、特別支援学校のことをよく知っている人もいるでしょう。

　文部科学省の2017（平成29）年の調査によると、全国の特別支援学校数は、小学校から

高等学校までの全体数の約3.2％、児童生徒数は、全体の約1.07％に過ぎません。特別支援学校とは無縁だった人が大半を占め、保護者の多くはその実際をよく知らないのです。筆者も就学に関する相談にかかわってきましたが、はじめは特別支援学校に暗いイメージをもつ人がいるのも事実ですし、よくわからない学校に子どもを預けることに不安を示す人がほとんどです。そのようなときは、まず保護者に特別支援学校の見学をすすめています。「百聞は一見に如かず」まずは知ってもらうことを目的とします。

　特別支援学校には、センター的機能という地域支援の役割があり、療育機関や園からの依頼による学校見学や教育相談に専門的な視点から対応し、特別支援学校による体験教室等への保護者と子どもでの参加につながるケースもあります。すると保護者は次に地域小学校の特別支援教育にも関心をもちはじめます。知ることは選択肢の広がりとなり、就学先を考える土台となるのです。保護者には悩み考える十分な時間が必要ですから、4歳児クラスの時期がアクションを起こすタイミングでしょう。もともと特別支援学校への就学を考えている場合は、できるだけ早い段階から特別支援学校とつながっておくと、就学後に療育や園での支援が切れ目なく引き継がれます。

（3）特別支援学校の特徴

　特別支援学校は、通常の学校に準ずる教育を施すとともに、障害による学習上または生活上の困難を克服し自立を図るために設置され、児童生徒一人ひとりに教育支援計画を立て、個に応じた教育を展開しています。

　その特徴として、まず、障害の特性に応じた専門的な教育が受けられます。多くの教員が特別支援学校教諭免許を所有し、療法士等の専門家を配置している学校もあります。また、各学校は、児童生徒の障害や実態に応じて柔軟に教育課程（時間割等）を編成できます。とくに、知的障害の教育課程では、教科の枠にとらわれることなく、児童生徒の実態に合った授業を編成することができます。次に、手厚い支援体制です。小学部、中学部では各学年1学級6人以下に1〜2人、知的障害と他の障害をあわせもつ児童生徒を対象とした重複障害学級は学年を合わせた1学級3人以下に1〜2人の教員が配置されています。こうした特徴を知ると保護者は魅力を感じます。一方、多くの保護者が気にするのは集団とのかかわりの希薄さです。園からの友達とのかかわりを大切にしたいという保護者の願いはもっともです。

　保育者のみなさんには、対象の子どもの発達段階と本人や保護者の将来に向け大切にしたいことを尊重しながら、適正な就学の場を保護者と一緒に考えてほしいと願っています。

§4 子育て支援

1 子育て支援とは

　近年、子育てのむずかしい時代といわれています。その原因としては、「都市化、核家族化、少子化、情報化などの社会状況が変化する」[1]、また、共働きが多くなり、近隣との人間関係の希薄化も見られ、子育てに悩んだり、孤立を感じたりする保護者の増加が指摘されています。自分が出産してはじめて赤ちゃんを抱いたという保護者がいるくらい、保護者自身が赤ちゃんと接する機会が少ない中で育っていることも影響しています。そのような状況の中、園や保育者に求められているのは、子育て支援です。

　子育て支援は、「『子どもが道筋をたどって成長していくのを保護者と共に理解し合い、その時々の保護者の子育てを支えていくこと』であり、決して育児の代行ではないと思っています。保育者も保護者の子育てパートナーとなり、『共育て』をすることです。共育てということは、『園と家庭とで共に子どもを育てるということ』『子どもも保護者も、保育者も共に育ち合うこと』という意味合いがあります」[2]とあるように、一方的に保護者を指導することではないことを念頭に子育て支援のあり方を考えてみましょう。

　はじめて保育者になったとき、子どもたちや保護者を期待と不安の気持ちで迎えるのと同じように、保護者もどのような先生なのか不安に思っているかもしれません。保護者は、担任保育者を選ぶことができないのですから当然です。

　まずは、笑顔でコミュニケーションを取っていきましょう。「話しやすい先生だな」「元気があって子どもと一緒に遊んでくれそう」など好意的な印象をもってもらえれば、保護者との信頼関係を築くことが進めやすくなります。「明るい笑顔と元気な挨拶」で自分から積極的に保護者に声をかけることを心がけ、信頼関係を築いていきましょう。

2 子育て支援の心構えや留意点

　保育の場において、保護者とかかわっていく上での心構えや留意点をあげてみます。

（1）子どもを理解し、信頼される保育者になる

　一人ひとりの子どもに対しての理解と深い愛情をもって、楽しく保育を展開していきましょう。そして、保育者自身がその子の好きなところ、がんばっていること、一緒にかかわって楽しかったこと等を自分の言葉で保護者に話しましょう。我が子に愛情をもって接してくれていると保護者は感じ、子育て支援も進めやすくなります。

（2）子どもの成長を共有する

　小さなことでもその子の成長やつぶやきを保護者に伝えましょう。できなかったことも援助した具体策等を話しましょう。専門的な言葉を使って話すと内容が伝わらないことがあるので、そのときの様子が思い浮かぶような説明を心がけ、一緒に成長を喜びましょう。

（3）保育に関する専門意識をもつ

　保育の知識や経験から、その子の育ちの見通しや子育ての情報等を伝えると安心してもらえます。質問されてわからないときや何か要求をされたときは、すぐに返答するのではなく「確認してからお伝えします」などと答え、他の保育者等に相談するようにし、勝手に判断して答えるのは避けましょう。

（4）保護者を受容し決定を尊重する

　話を聞くときは、「共感的・受容的な姿勢」[3] が基本です。まずは、保護者の気持ちを受け止め、保護者が何に困っているのか、何を悩んでいるのかなどを、たわいもない話をしながら探ることが大切です。「"指示者"ではなく"支持者"」[4] になりましょう。保育者と保護者の関係を忘れず、あまりくだけた感じになりすぎないように会話し、自分のプライバシーを開示しすぎないようにする、相手のプライバシーを守ることも大切です。送迎時なら他の保護者にも配慮し、話の内容によっては、面談など、あらためて時間や場所を用意して、十分に話ができる機会をつくりましょう。

（5）関係機関と連携する

　「状況に応じて、地域の関係機関等との連携を密に」[5] していくことも子育て支援の一つであり、現在では園や地域全体で支援するようになってきています。地域の関係機関には、市町村保健センター、要保護児童対策地域協議会、児童相談所、福祉事務所、児童発達支援センター、民生委員、児童委員、教育委員会、地域子育て支援拠点等があります。そして園には、園長をはじめ、先輩保育者がいます。一人で悩まず、抱え込まず、相談をしていきましょう。

　近年、園にはさまざまな家庭環境の子どもたちが入園してきます。ひとり親家庭やステップファミリー、外国にルーツをもつ家庭など、その保護者も多様です。子ども一人ひとりが異なるように、その保護者一人ひとりの背景なども理解するように努め、「一緒に子どもを育てていきましょう」といった寄り添う姿勢が保育者として大切です。

11章 保育者・教育者のメンタルヘルス

§1 ワークライフバランスを考える

1 保育者の多忙さ

　実際の保育現場では、日々の保育を振り返る余裕さえもない保育者の状況が見受けられることもあります。とくに、保育所は保育時間が長い上に、さまざまな保育サービスに応えていくために、勤務も早番や遅番といったシフト制の勤務体制となっています。

　保育者は日々の保育で多忙の中、子どもとのかかわりだけではなく、保育者同士のかかわり、保護者とのかかわり、地域の人たちとのかかわりなど、さまざまな人々との人間関係を構築していかなければなりません。たとえば、子育て支援では地域と連携して協働を図ることも求められています。また、保育参観や保護者会の開催や実習生の指導、園内研修および園外研修への参加等、保育者の仕事は多岐にわたっています。

　保育者は、人格形成の基礎を培う重要な時期の子どもとかかわる仕事です。そのため、保育技術や知識だけでなく、豊かな感性や人間性など多岐にわたる専門性が求められる職業であり、保育の質を高めることが一層求められています。「生きる力の基礎を培う」幼児期ならではの学びを援助しなければならない生活の場で、保育者は子ども一人ひとりの多様な個性を評価し、引き出し、育むことができる存在でなければなりません。そのためには、常に自己研鑽を行い、学び続けていくことが必要となります。

　このような日々の多忙さの中で心配されるのは、保育者のメンタルヘルスです。「メンタルヘルス」（mental health）とはいわゆる「心の健康」です。保育者のメンタルヘルスの安定を図ることは、日常の保育にも影響しますし、保育者個人の生活も充実したもの

になります。メンタルヘルスの安定を図るためには、「ワークライフバランス」（work–life balance）を実現していくことが重要です。ワークライフバランスとは、「仕事と生活の調和」を意味します。仕事がうまくいくことで生活が潤い、日々の生活の充実が仕事もはかどりうまく進むといった相乗効果が生まれるのです。

　組織としても、保育者がさまざまな研修の機会をもてるように配慮し、労働時間や賃金を見直すとともに、結婚や出産をしても働き続けていける職場環境へ早急に整えていくことが課題となっています。保育者としてワークライフバランスを保つことはもちろん大切ではありますが、それだけではなく、保育者が誇りをもって働けるような職場環境に変え、魅力ある職業として見直していくことが、保育の質の向上につながっていく上で必要であるといえます。

2　ワークライフバランスを保つために

　上述のように、組織的に改善していかなければならないことと同時に、ワークライフバランスを考えることが求められています。保育者の仕事には「終わり」がありません。子どものために一生懸命に奮闘することも、もちろん大事なことですが、自身の健康が脅かされたり、過度のストレスになったりすることは、結果的に子どものためにはならないのです。何事もやりすぎることはよいことにはなりません。自身の心身の健康や自分を含めた家族の幸せを第一に考えることは、子どもに波及し、よい影響を与えることにもつながっていくことを忘れないでほしいと思います。仕事のオンとオフの切り替えや気持ちを切り替えて、ワークライフバランスを大切にしてほしいと思います。

　ワークライフバランスを保つには、仕事の時間とプライベートの時間をバランスよく振り分けるだけでなく、精神的な安定を図ることも大切になります。ストレスをためないことやストレスや緊張を解放することが必要になります。運動や趣味の時間をつくることで、リフレッシュすることができます。また、家族や友人と話す時間を大切にしたり、悩みを聞いてもらったりすることも大事にしてほしいと思います。仕事と家庭の両立が困難な場合は、職場や働き方を変えてみることも一つの方法になります。自分の気持ちに素直になり、無理のないよう過ごせるように環境を整えていくことも重要です。

　機会があれば、海外に行くこともワークライフバランスを保つための一つになるでしょう。筆者が海外に訪れた際は、日本にいるときには感じなかったさまざまなことを考えるきっかけになりました。たとえば、さまざまな人種の問題や日本という国がどこにあるかも知らない人たちが多いという現実を知ったこと、食べ物やトイレ、お風呂などの習慣が違うこと、言葉が通じないもどかしさなどの多く経験は自分自身の視野を広げ、多くの気づきを与えてくれます。海外旅行は、訪問した国を知るだけでなく、海外から日本を見つ

め直すきっかけにもなります。海外に行き異文化を理解することは、国や文化の違う相手を理解することだけではありません。生まれ育った経験や文化、物事について視野を広げていく土台となり、さまざまな考えを理解する基礎となります。他者を理解することは自己を理解することで、それがさまざまな視点からものを見る力につながっていくのです。いろいろな経験を通して、人との出会いを大切に、予想や見通しをもつという意味のパースペクティブ（perspective）な考え方、さまざまな側面からとらえることができる総合的な見方、つまり、一人ひとりにおいて、その人やその人の経験によって影響されているものの考え方があることを理解することが求められます。

§2 職業の魅力からメンタルヘルスを考える

みなさんがもし職場や職業のことで傷つくことがあったら、自分自身のメンタルヘルスのために、保育者という職業を見つめ直してみることも大切になります。ここでは、保育者の魅力として、保育者をしてよかったことや感動を味わったことなどを見ていくことにしましょう。

「先生のおかげで、○○ができるようになった」と喜ぶ子どもの様子など、子どもの成長を感じるときは、保育者として喜びを感じられる瞬間です。そのような姿に出会えるためには、子どもと真剣に向き合い、一人ひとりの子どもの思いを理解し、子どもとともに成長していく姿勢が大切です。成長する子どもたちの姿を実感し、感動を味わえることは、保育者という職業の魅力の一つだといえるでしょう。保育者は子ども一人ひとりの多様な個性を引き出し、育むことができる存在です。そのために重要なことは、子どもとの信頼関係を構築できるかということであると思います。保育者として子どもに全力で向き合い、日々努力していく姿勢は、子どもの育ちによりよい影響を与え、保護者や他の保育者からも信頼を得ることにつながります。そしてこれらの経験は保育者としての自信にもつながっていくはずです。以下、筆者自身の教員生活なども振り返りながら、保育者という職業の魅力を伝えていくことにします。

1 保育者の経験を振り返る

保育者の魅力として、保育者をしていて「よかったこと」を思い出してほしいと思います。心に残る経験を思い出すことで、あらためて保育者という職業に対するやりがいや喜び、そしてその魅力を感じ直すことができるでしょう。

参考事例として、筆者自身のこれまでの実践での出来事を紹介します。

幼稚園で英語活動を担当したときのことです。子ども向けの英語活動の実践では、子ど

もに英語を流 暢 に話させようということではなく、子どもたちが「楽しかった、英語の世界は自分たちの国と違うみたいだ、英語以外にも、違う言語の世界がある、そこはどのようなところなのだろう」と好奇心をもつことを大切にしながら、異文化理解に視点を置いて展開することに取り組みました。

　子どもたちが笑顔で英語活動に参加している中、一人だけ笑顔のない子どもがいました。この活動では、まったく笑顔を見せることのない子どもであり、英語に興味があるのかさえわからない様子でした。しかし、夏休みが終了したあとの活動では、笑顔でレッスンに参加していることに気づき、その変容に驚いたのでクラス担任の保育者に活動の様子を報告しました。そこではじめて、最初の英語活動から非常に楽しみにしており、活動のあった日は必ず、覚えたことを母親に伝えていたという保護者の話を聞くことができました。また、その子どもには中学生の兄がいて、彼女が覚えた英語を家で披露して兄を驚かせたというエピソードも聞きました。保育者からも、子どもたちは毎週の英語活動を心待ちにしているということを聞き、教員として非常にうれしい気持ちになった瞬間でありました。

　このときに、教員をしていて心から「よかった」と実感したのです。それと同時に、表面的な反応だけではわからない子どもの思いに気づくことができ、保育者としての子どもへのかかわり方ややりがいについても感じることができました。

2 大切なことは何かを考える

　一回立ち止まって、もう一度、原点に戻ることも必要ではないかと思います。どの実践においても根底には、目の前にいる子どもを理解し、子どもの発達に応じた選択をしていく必要があります。保育者として常に意識しなければならないことは、子どもが主体であって、保育者が主体ではないということです。「強いられる生活」からは、子どもの育ちを実感することはありません。興味や関心が育つようにするには、保育が子どものためのものであることが必要です。また、保育者が楽しいと思えなくては、子どもは何倍も楽しくない体験になると聞きます。まず保育者が楽しいと思える保育をすること、そして、目の前の子どもに全力で向き合うということを積み重ねていくことで、信頼関係が構築できるのだと実感しています。

　筆者は子どもの長所を探すようにし、ほめるかかわりを心がけました。毎日クラスのよいところを見つけて必ずほめるように心がけ、一人ひとりが違うのだから認め合っていくことが大切だという話をしました。教員になってよかったと思うときは、そのような日々の積み重ねが子どもの心に響いたのではないかと感じるときでした。

3 保育者として味わう感動

　そして、保育者としての醍醐味は、子どもを通して感動する瞬間に立ち会えることだと思います。みなさんもつらいときこそ、保育者として感動したことを振り返ってみましょう。担任保育者として、日々子どもとかかわる中で、進級時などには子どもたちの成長に喜びを感じることもあるでしょう。とくに卒園時などには、これから小学校へ通う喜びと自信に満ちた子どもたちの姿に感動することもあるはずです。

　保育者は、常に学び続ける姿勢を持ち続け、理論や方法論などを学ぶことも確かに大切ですが、ゆとりをもち、さまざまな体験を積み、感性を豊かにすることが大切です。そしてその積み重ねが、保育者として感動を味わう瞬間に出会えることにつながっていくといえるのではないでしょうか。そして、それが保育者という職業の魅力でしょう。もちろんつらいときや辞めたいと思うときもあるかもしれませんが、一方で続けていてよかったと思うときもたくさんあると思います。ぜひ、保育者を目指すみなさんにも保育者という職業の魅力を実感できる瞬間をこれから何度も味わってほしいと願っています。

§3　心身のケア　―傷つく前と後にできること―

1 生活習慣を整えよう

　保育者は仕事柄、園の子どもたちや保護者のことを優先してしまい、自分を犠牲にしてしまうことが見受けられます。まず、第一に保育者自身が心身ともに健康であることが大事になりますので、日々の生活の中で規則正しい生活習慣を心がけ、栄養と睡眠を取るようにしましょう。また、部屋をそうじしたり、家具のレイアウトを変えてみたりすることで、気持ちがリフレッシュできることもあります。毎日の食事については、余裕があるときは、料理を楽しみながら、家族との団らんを楽しむことも大切です。家にいる時間を大事にしながら、生活そのものを一つ一つていねいに取り組み、心身ともに健康的な生活を送ることを心がけましょう。

2 相談できる人を見つけよう

　職場で困難に遭遇したり、人間関係に傷ついたり悩んだり、辞めたいと思ったとき、そこまでではないけれど、疲れてしまったり、ストレスを感じたりしたときに、信頼できる人に自分が感じたことを素直に話すことは、とても大切なことです。組織として解決しなければならない問題を抱えているときは、組織の中で信頼できる人に相談するとよいで

しょう。組織の中で信頼できる人がいない場合は、信頼できる家族や友達、恩師などに相談することが大切です。もし、身近に信頼できる人がいない場合は、心理カウンセラー等の専門家に自分の状況を話すこともよいでしょう。できれば、思い悩む前に、日ごろから信頼できる人に自分の置かれている状況や素直な気持ちを話しておくと、気持ちが楽になって心のケアができると思います。

3 リラックスする時間をもとう

　信頼できる組織や相談相手がいないという場合もあるでしょう。みなさん自身が悩みを抱えながら、どうしようもできない絶望的な気持ちになることもあるかもしれません。そのような状況のときには何もしたくない状態かもしれませんが、気持ちを切り替えたり、嫌なことやつらいことを一時でも忘れたりするために、何か自分がリラックスできる時間をもちましょう。

　たとえば、柔軟体操やストレッチ、ヨガなどを行うこともリラックスにつながります。自分の体をケアすることは心身のいやしにもなります。ランニングやエアロバイクなどの有酸素運動も取り入れると効果的です。運動は地域のスポーツ施設を利用する、家で行うなど、個々の状況に合わせて、負担なく続けやすい方法で行うとよいでしょう。映画を見ることもおすすめします。少し疲れていると感じたときに、心のビタミン剤として映画を見るとリラックスしたり、ストレス解消になったりすることにもつながるはずです。

4 さまざまな視点をもとう

　悩んでいるときこそ、考え方や見方を少し変えてみたり、みなさんのまわりにある身近なものからも視野を広げたり、世界に目を向けたりすることも大切ではないかと考えます。ときには上記にあげたように、洋画を見ながら海外の文化に触れることで、自分の身のまわりだけでなく、世界に目を向けるきっかけにしてほしいと思います。世界で起こっている困難さに目を向けたときに、みなさんが自分自身で悩んでいることが小さなことに思えることもあるかもしれません。ぜひ、さまざまな視点でものを考えることが自分自身を救えることにつながることを感じ取ってほしいと願っています。

12章 保育者・教育者に必要な連携・協働

§1 保育の営みに欠かすことのできない「つながり」とは

1 子どもにとっての「つながり」の重要性

（1）子どもたちの今の課題

　現代の子どもたちの育つ環境は、少子化・核家族化・都市化・グローバル化等の大人社会の変化が色濃く反映され、子どもたちは多様な価値観や生活・文化様式の中にいます。さまざまな生き方が肯定され、保障されることはその社会の器の広さであるというよさもあります。ただ、どのような社会においても、コインの裏表のようにそのよさと課題とは同時に立ち現れてきます。たとえば、先ほどの少子化・核家族化については、少ない子どもを大切に育てることのできるよさもあれば、子育ての環境が狭くなり、育児不安や児童虐待を招きやすいという課題もあります。また、都市化などについては、大人にとってアクセスのよさや生活の便のよさはありますが、子どもにとっては自然の中で全身を使って遊ぶ環境や、多様な人々との出会いの機会に恵まれにくいという課題もあります。グローバル化については、さまざまな国の人や文化との出会い、そして日本を選んで住みたいという希望が叶えられていますが、一方でそうした人々に対する生活の中での支え（行政サービス、教育、多様な文化を受け入れる環境）が未だ十分ではないなどの課題があります。

　2005（平成17）年の中央教育審議会答申「子どもを取り巻く環境の変化を踏まえた今後の幼児教育の在り方について」では、現在の子どもの育ちの現状として、「基本的な生活習慣や態度が身に付いていない」「他者との関わりが苦手である」「自制心や耐性、規範意識が十分に育っていない」「運動能力が低下している」等、直接的な経験の不足があげら

れています。そしてこれらは「人や場とのつながり」の希薄さからもたらされているという特徴も見出されます。これを見ると、ちょっと衝撃を覚えるかもしれませんが、先に述べた大人社会の変化からもたらされる子どもの育ちの現状の課題から、私たちは子どもたちのこれからの課題、つまり育てたい子どもの姿を見出していかなくてはなりません。

（2）子どもたちのこれからの課題

そうした「人と場とのつながり」の希薄さがもたらす現代の子どもたちの課題に対し、国は 2017（平成 29）年の保育指針、教育要領、教育・保育要領において、「生涯にわたる生きる力の基礎」を培うために、新しい時代を生きる子どもたちに「育みたい資質・能力」の 3 つの柱を示しました（本書 p.134 ～ 136 参照）。これらは、就学前教育（保育）から初等教育（小学校）、前期中等教育（中学校）、後期中等教育（高等学校）まで一貫した柱の構成となっており、保育はその基礎を培う時期であることも示されています。

新しい時代とはグローバル化、情報化等による予測困難な未来であり、これからの子どもたちは多様な人々と協働しながら、さまざまな社会的変化を乗り越えていくことが新しい時代を生きる力となります。そうした時代や社会の担い手（持続可能な社会の担い手）として活躍するためには、子どもたちにとってますます「つながり」の経験の積み重ねが不可欠となってきます。そして、そうした子どもたちの「つながり」の経験を保障するためには、子どもを取り巻く保護者、保育者、子ども同士、社会の中のさまざまな人が手を携え、共通の目的に向かってそれぞれのもつ力を発揮していく、連携・協働の営みが欠かせません。

2 保育者にとっての「つながり」の重要性

（1）保育者の今の課題

保育者の置かれている今の環境は、上述の子どもたちの育ちをめぐる環境や保護者の子育て環境等の変化に対応する力が課題としてあげられています。具体的には、子どもの家庭や地域社会における生活や発達、学びの連続性（幼児期～学童期へのつながり）を意識した保育を展開する力、特別な支援を要する子どもへの質の高い支援、子育てに関する保護者の多様で複雑な悩みや課題に対する適切な支援などがあります。

また、保育者自身の経験、生活経験や自然体験が人によって異なり幅があることなども課題としてあげられています。

（2）保育者のこれからの課題

そうした課題を踏まえ、2015（平成 27）年の中央教育審議会答申「これからの学校教育を担う教員の資質能力の向上について～学び合い、高め合う教員育成コミュニティの構築に向けて」では、「自律的に学ぶ姿勢」「ICT の活用、発達障害を含む特別な支援を必要

とする児童生徒等への対応などの新たな課題に対応できる力量」「『チーム学校』の考えの下、多様な専門性を持つ人材と効果的に連携・分担し、組織的・協働的に諸課題の解決に取り組む力」などが、保育者・教員に求められる力としてあげられています。また、「よりよい学校教育を通じてよりよい社会を創る」という目標を園・学校と社会が共有し、連携・協働しながら、「社会に開かれた教育課程」という社会とのかかわりを大切にしたカリキュラム構成も必要とされています。

　それには、保育者自身が深い専門性をもち・高めながら、さまざまな専門性をもつ人々とつながり合い、チームで課題解決を図っていく、そうした保育者と社会との「つながり」が不可欠であるといえるでしょう。

§2　チームとしての園

1　保育者の連携・協働の意義

（1）「子どもの生活の連続性」という視点

　前述したように、現在子どもの養育環境は多様化しています。保護者の就労をはじめ、多様化する保護者のライフスタイルと子育てとの両立とを支援するために、現在保育の現場ではそのニーズに応じたさまざまな事業も実施されています。たとえば、延長保育、夜間保育、休日保育、一時保育、病児保育などがあげられます。

　それらを行う際だけではなく、日々の保育においても、保護者の状況に配慮することはもちろん、常に子どもの最善の利益を念頭に置き、子どもの生活が家庭と園との連続した生活であることの配慮がなされるよう、家庭と園の職員とともに連携していく必要があります。発達の状況、健康状態、生活習慣、生活のリズムや生活背景などは一人ひとり異なります。また、特別な支援を必要とする子ども、児童養護施設や里親など社会的養護の場から通園している子どももいます。そのため、一人ひとりの保護者との情報共有は、子ども一人ひとりの生活を理解し、園との環境のギャップを埋めていくための視点である「子どもの生活の連続性」を保障するためには欠かすことができません。

　保育者間、園内の他職種間などでもそれらの情報を共有し、一人ひとりに応じた援助を心がけ、必要に応じて、園の一日の流れや保育の環境を工夫するなどの配慮を行いたいものです。こうした保育者の援助や配慮によって、子どもは園での生活を無理なく過ごすことができ、それが子ども自身の情緒の安定へとつながり、遊びや学びが充実した豊かな時間を過ごすことへとつながっていきます。

（2）「同僚性」という視点

　保育者はクラス担任や園内での職務分掌など、一人ひとり責任をもって行っていますが、すべて一人で行っているわけではありません。日々の実践を振り返るとき、何かの行事を計画・実施するとき、むずかしさを抱えた子どもや保護者と向かい合うときなど、園の同僚との支え合いは欠かすことはできません。また、仕事をしていく中では、つらいことや困難なことにも直面します。そのようなときに、互いの思いを吐露することができたり、アドバイスをし合うことができることは何よりの支えとなります。「三人寄れば文殊の知恵」ということわざが表すように、さまざまな意見やとらえ方を互いに出し合うことで、よりよい保育の実践へとつながっていきます。こうした仲間同士の支え合いの関係を「同僚性」といいます。

　保育における「同僚性」の同僚とは、目指す目的を共有している保育者仲間を指します。役職や経験年数、雇用の形態（常勤・非常勤など）、専門領域、職務内容などは問わずに、保育の現場において子どもと保護者の最善の利益が保障されることを目指して働くすべての人が同僚です。互いの存在を尊重・信頼し、情報やそれぞれのもつ特性を共有し、互いの専門的な成長を支え、協働することで、よりよい関係性が生まれ、それはよりよい保育実践へとつながり、子どもたちに還元されていきます。日々、保育者が子ども一人ひとりの存在を尊重し、一人ひとりのもつ力を十分にいかすために心を砕くように、同僚との関係においても、そうした理解のあり方が必要とされています。

（3）専門職間および専門機関との連携・協働

　園には、地域特性、建学の精神や保育・教育の理念、園や学校運営にかかわる職員等の専門性があり、これらを総合的に保育にいかしていくことで、より子どもや保護者のニーズに添った支援を行うことができます。

　園には、保育士、幼稚園教諭、保育教諭など、子どもの育ちや学びを支援するために必要な保育に関する専門的知識・技術をもつ専門職が配置されています。その他にも、嘱託医、看護師、栄養士等が配置されていることもあります。その仕事はたとえば、食事や排泄などの基本的生活習慣の自立に関すること、発達の見通し、遊びや玩具、遊具の使い方、子どもとのかかわり方などについて、一人ひとりの子どもや保護者の状況に応じて具体的に助言をしたり、行動見本を実践的に提示すること等があげられます。また、栄養士や調理師は離乳食づくりや食育、食物アレルギー等に関すること、看護師は子どもの病気や衛生などに関すること等、それぞれの専門的な知識と技術を支援にいかしています。これらの専門職は、外部研修などの機会を通した専門性の向上のための努力は不可欠です。

　さらに、園を取り巻く関係機関には、保健所の保健師、病院の医師、児童相談所の児童福祉司や児童心理司、福祉事務所の社会福祉士、児童発達支援センターの公認心理士、理

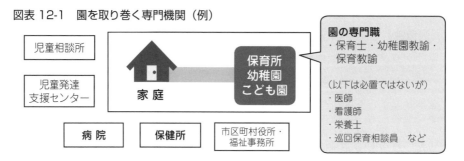

図表 12-1　園を取り巻く専門機関（例）

児童相談所

児童発達
支援センター

家庭

保育所
幼稚園
こども園

園の専門職
・保育士・幼稚園教諭・
　保育教諭

（以下は必置ではないが）
・医師
・看護師
・栄養士
・巡回保育相談員　など

病院　　保健所　　市区町村役所・
　　　　　　　　　福祉事務所

学療法士、作業療法士などが存在します（図表12－1）。こうした園内外の専門職と連携しながら、園が子どもや保護者の支援に関するワンストップサービス（一つの場所で異なる複数のサービスを提供すること）の場として機能することが望まれています。

　また、保育の場ではさまざまな対応すべき問題が現れることがあり、園内だけでは対応しきれない問題も多々あります。中でも、病気・障害などの医療対応が必要な問題、虐待・DV等の被害、精神疾患、金銭上の問題、夫婦や嫁姑などの大人の人間関係の問題などについては、他機関との連携は欠かせません。日ごろより連携先の専門性や機能をよく理解し、顔を合わせ、問題が発生した際に適切なタイミングで子どもや家庭にかかわる専門機関の情報提供・紹介・フォローを行えるような連携体制の構築を図る努力は欠かすことができません。

　加えて、不適切な養育や児童虐待が疑われる場合には、要保護児童地域対策協議会で検討を行う他、児童相談所へ速やかに通告し、適切な対応を図ることが必要です。また、「子ども虐待防止の手引き」[1]や「学校・教育委員会等向け虐待対応の手引き」[2]において、園として組織的対応を図ること、事実関係はできるだけ細かく具体的に記録しておくこと等も示されています。

　こうした他職種・他機関、そして保護者とともに連携・協働できることは園のもつ特性の一つです。園長のリーダーシップの下、カリキュラム、日々の教育活動、そして上記の資源が一体的にマネジメントされ、保育者や園内の多様な人材が、それぞれの専門性をいかしながら、さながら一つのチームとして子どもたちの生活や学びを支援していくという

図表 12-2　「チームとしての学校」のイメージ

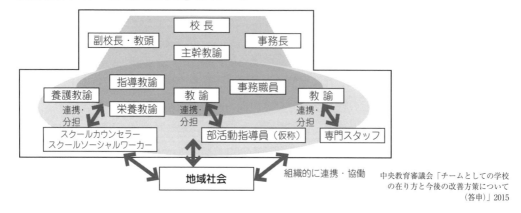

中央教育審議会「チームとしての学校
の在り方と今後の改善方策について
（答申）」2015

120

視点を「チームとしての学校」といいます。2016（平成28）年に文部科学省が示した「次世代の学校・地域創生プラン」の中で、この「チームとしての学校」という視点が提示されています（前頁、図表12 - 2）。

2 保護者との連携・協働の意義

（1）保護者との相互理解

先に述べた「子どもの生活の連続性」「チームとしての学校」という視点からも、家庭と園とが相互に理解し合い、その関係を深めるためには、保護者一人ひとりとかかわる際、信頼関係を築くよう努める必要があります。また、日々家庭や保護者が置かれている状況を理解し、思いを受け止め、保護者が園の行う保育の意図を理解できるよう説明し、子どもに関する情報の交換を細やかに行い、子どもへの愛情や成長の喜びを感じられるよう気持ちを伝え合うことなども欠かすことはできません。

そのための手段や機会として、連絡帳、園便り、送迎時のコミュニケーション、保育参観・あるいは保育参加、行事、個人面談、保護者会などの活用があります。このような手段や機会を活用する際には、保護者の子育てに対する自信や意欲を支えられるよう、内容や実施方法を工夫することが必要です。

（2）保護者同士の相互理解

就労形態や文化的・社会的背景など、保護者の生活形態はそれぞれ異なり、すべての保護者が互いに顔を合わせる機会がもちにくい状況があるため、園では保護者同士の相互理解も深めるような配慮や工夫が必要です。

行事等においては、すべての保護者が参加しやすい時間・日程などの配慮を行います。また、行事の場などでは、保護者同士が交流できる場を設けたりすることで、保護者同士の相互理解を促すことにもつながります。

そうした配慮や工夫を通して、だんだんと園と保護者との相互理解が高まり、同じ園に通う保護者同士の一体感も育まれていくことでしょう。その結果、保護者同士が共通の話題をもつことができたり、互いの意見や思いを伝え合う関係をつくることができたり、さらには多様さを保護者同士が認め合うことによって、保護者自身が新たな気づきや学びを得る機会へとつながります。

3 校種間を超えた連携・協働の意義 　―幼・保・小連携―

（1）園と小学校との環境のギャップ

子どもたちは園を卒園すると、小学校へと進みます。小学校を修了すると中学校へ、中学校を修了すると高等学校等へなど、みなさんも新たな出会いと別れの節目を経験してき

ていることと思います。園、小学校、中学校、高等学校等と、各校種にはそれぞれの特性があります。わかりやすい例では、園の保育は、環境を通して行うもので、子どもの自発的な活動としての遊びを通して指導がなされますが、小学校では教科教育を中心に、学習活動が行われるというカリキュラムの違いがあげられます。その他にも、園・学校の文化の違い、子ども観の違い、評価の違いなど、さまざまな違いがあります。子どもは、そうした環境の違いになかなか慣れなかったり、スムーズに適応できない場合なども当然あります。かつて、そうしたことは「小１プロブレム」と呼ばれることもありました。子どもたちが環境のギャップに対しスムーズに移行していくためには、園と小学校との校種間を超えた連携・協働が必要となってきます。

（2）幼・保・小の連携の方法

　スムーズな移行のためには、幼・保・小で大きく３つの連携の方法があります。１つ目は、カリキュラム上の連携です。「幼保小接続期カリキュラム」という保育の場から小学校教育の場への接続を意識した、だいたい５歳児10月から１年生１学期までのつながりをもったカリキュラムを作成します。幼保小接続期カリキュラムは、小学校入学の時点を「スタート地点」としてとらえるのではなく、園で５歳児までに積み重ねてきた力を踏まえた上で小学校入学後の学びへといかす、つまり「子どもの生活と発達は連続したものである」というとらえ方のカリキュラムです。

　園が作成するカリキュラムは「アプローチカリキュラム」、小学校が作成するカリキュラムは「スタートカリキュラム」と呼びます。「アプローチカリキュラム」と「スタートカリキュラム」が合体したものが「幼保小接続期カリキュラム」であることがわかると思います。カリキュラムの中では、子どもたちが次の段階への関心が高まるような活動や、幼保小の交流活動などが具体的に立案・実践されます。

　２つ目に、保育者と小学校教諭の連携です。こうしたカリキュラムを作成するには、園と小学校のそれぞれの予測だけではつくることができません。保育者と小学校教諭が互いに顔を合わせ、園と小学校それぞれの場での子どもの姿や課題、育てたい子ども像、保育の方針や実践などについて直接または書類上（幼稚園幼児指導要録、保育所児童保育要録）で情報共有をし、互いの特性を知っておくことがよりよい協働を生むことへとつながります。

　３つ目に、園と小学校の保育・教育の目的を共有するために、互いの教育カリキュラムの特性を知っておくことです。これは、教育要領、保育指針、教育・保育要領、小学校学習指導要領の内容、またそれらに示されている「幼児期の終わりまでに育ってほしい姿」（通称：10の姿）、幼児教育・保育から後期高等教育までを通し柱として共通化された「資質・能力」の３つの柱（本書 p.134 ～ 136 参照）を読み合い、理解し合うことで、保育者と教育者が互いに前の段階と次の段階を意識することができます。

4 地域との連携の意義

（1）「社会に開かれた教育課程」という視点

　子どもたちは園、小学校を経て、いずれは社会の中で自らのもつ力を発揮し、活躍する人材へと成長していきます。一人ひとりの子どもが将来、自分や他者を価値あるものとして尊重し、多様な人々と協働しながら困難を乗り越え、未来に向けて進む希望や力を得ていくためには、これからの園や学校には、社会と連携・協働した教育活動を充実させることがますます求められています。2017（平成29）年に改訂された教育要領、小学校学習指導要領では、「社会に開かれた教育課程」の意義が述べられています[3]。

①よりよい学校教育を通じてよりよい社会を創るという目標を学校と社会とが共有します。

②これからの社会を創り出していく子供たちに必要な資質・能力が何かを明らかにし、それを学校教育で育成します。

③地域と連携・協働しながら目指すべき学校教育を実現します。

　保育者は地域の人々やさまざまな職業に就く人々と連携・協働し、出会いや活動への参加などの機会を日々の保育や教育活動の中で計画・実践することで、あこがれのモデルとの出会いや子どもの社会への関心、気づきや経験の幅を広げることへとつながります。

（2）地域に開かれた子育て支援

　近年、地域における子育て支援の役割が一層重視されている状況があります。そのため、園がその意義を認識し、保育者の専門的知識や技術に基づく子育て支援を積極的に展開することが望まれています。その際、園が所在する地域の実情や、各園の特徴を踏まえ、園内の体制の整備や、関係機関・子育て支援関係団体との連携および協力に配慮しつつ実施しています。

　支援活動の例として、園庭や園舎の開放、絵本の貸し出し、子どもに関する相談、子育て関連の情報提供、保護者同士や地域の人々との交流の機会やネットワークづくりの機会の提供などがあげられます。教育要領では、これらの機能は「地域における幼児期の教育のセンターとしての役割」として示されており、園が子育て家庭への支援を積極的に行うよう教育要領、保育指針、教育・保育要領において示されています。

　2019（令和元）年のラグビーワールドカップでの日本代表は、「ONE TEAM」のスローガンのもとにさまざまな国籍や年齢の選手が一致団結し、勝利へと向かいました。保育においても子どもの生きる力を育むために多職種・保護者・地域が手と手を携えていく「ONE TEAM」としての連携・協働の視点が大切であるといえるでしょう。

13章 保育者・教育者に必要な研修

§1 保育者としての専門性の向上とキャリア形成

1 保育者としての専門性

　みなさんが保育者になりたいと思った理由は、「子どもが好きだから」「あこがれの先生のようになりたいから」「子どもの成長を身近に感じられる仕事に就きたいから」など、さまざまにあると思います。とくに「子どもが大好き」という思いは、保育者になるための基本的な資質であり、ぜひとも大切にしてほしい気持ちです。

　さて、保育者は、日々の保育活動を通して子どもの成長を手助けし、子育て家庭への支援ができる専門職です。保育士資格や幼稚園教諭免許状を取得した時点においては、運転免許証をもっているペーパードライバーと同じですから、かわいい子どもたちに囲まれながら日々の保育活動を通して、保育者としての資質や能力（技術）を現場で磨いていきましょう。5章（本書 p.50～59 参照）でも保育者の資質および専門性については確認しましたが、ここで保育所保育指針解説等に示されている内容から、保育者としての専門性について確認をしておきましょう。

　保育所保育指針解説[1]や「幼稚園教員の資質向上について—自ら学ぶ幼稚園教員のために」[2]では、保育士や幼稚園教諭の専門性が次のように取り上げられています（次頁、図表 13 - 1）。共通点として、どちらも子どもの成長を見守る専門職として、子どもの発達を促

図表 13-1　保育士と幼稚園教諭の専門性

保育士の専門性	幼稚園教諭の専門性
①これからの社会に求められる資質を踏まえながら、乳幼児期の子どもの発達に関する専門的知識を基に子どもの育ちを見通し、一人一人の子どもの発達を援助する知識及び技術 ②子どもの発達過程や意欲を踏まえ、子ども自らが生活していく力を細やかに助ける生活援助の知識及び技術 ③保育所内外の空間や様々な設備、遊具、素材等の物的環境、自然環境や人的環境を生かし、保育の環境を構成していく知識及び技術 ④子どもの経験や興味や関心に応じて、様々な遊びを豊かに展開していくための知識及び技術 ⑤子ども同士の関わりや子どもと保護者の関わりなどを見守り、その気持ちに寄り添いながら適宜必要な援助をしていく関係構築の知識及び技術 ⑥保護者等への相談、助言に関する知識及び技術	①幼児を内面から理解し、総合的に指導する力 ②具体的に保育を構想する力・実践力 ③得意分野の育成 ④教員集団の一員としての協働性 ⑤特別な教育的配慮を要する幼児に対応する力 ⑥小学校や保育所との連携を推進する力 ⑦保護者及び地域社会との関係を構築する力 ⑧園長など管理職が発揮するリーダーシップ ⑨人権に対する理解

すための保育を構想する力や技術が必要であること、保護者とのかかわりといった子育て家庭への支援について述べられています。保育士の専門性では、主に子どもの成長を促す保育技術に重きが置かれており、幼稚園教諭の専門性では、小学校や地域との関係を構築する他、教員集団としての協働性にも意識を配ることが述べられています。

2 保育者のキャリア形成

　新任保育者としてはじめてクラス担任を任されたころは、園生活の一日の流れを覚え、日課をこなすだけでも精一杯となり、自分が思うような保育活動を実現することはむずかしいと思います。ときには、失敗もし、右往左往しながらも、まわりの先輩方の様子を見て学び、一つ一つ仕事を覚えていきます。忙しい毎日ですが、子どもたちが新しいことをどんどん吸収して成長する姿を間近で見るうちに、保育のおもしろさや魅力を感じられるようになります。そして、やりがいを感じる中で、「こんな保育実践をやってみたい！」という意欲が高まると同時に、自分なりの保育観が形成されていきます。保育観とは、保育に対する考え方のことです。たとえば、子どもたちに友達と遊ぶおもしろさをもっと実感してもらいたいと思って、クラス活動の中に協同的な遊びを取り入れたり、自然の不思議さやおもしろさを子どもたちに伝えたいと思って、栽培活動や自然体験活動を保育に取り入れようとすることです。新任の1、2年目は、日々の保育活動で精一杯となりますが、3年目を迎えるころになると、「こんな子どもに育ってほしい」という保育者の気持ちや考え方が芽生えはじめます。

さて、学生のみなさんにとっては少し先の話になりますが、保育者のキャリア発達が、どのように育っていくかについて見ていきたいと思います。キャリア発達とは、「社会の中で自分の役割を果たしながら、自分らしい生き方を実現していく過程」[3]のことです。浅野良一は、組織の中で働く人のキャリア発達について、3つの時期を提示しています[4]。

　まず、職に就いてから30代前半までの約10年間は、初期キャリアといわれ、組織や業務に適応するとともに、自分の持ち味や関心領域を把握するというキャリア探索期にあたるとしています（図表13－2）。この時期には、さまざまな業務経験を積んで場数を踏むことが重要になります。次に、30代前半から40代前半までの時期は、組織の中堅として自らの専門性を深化・発揮し、自分の存在意義を確認する中期キャリア

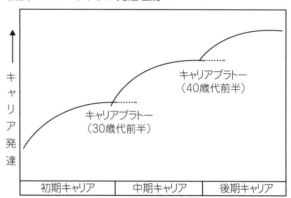

図表 13-2　キャリア発達理論

浅野良一「自治体におけるこれからの人材育成 ～人材育成型人事管理・職場マネジメント・職員研修～」公益財団法人全国市町村研修財団・市町村職員中央研修所（市町村アカデミー）平成 28 年夏号（第 118 号）、2016、pp.30-35

の段階です。中期キャリアでは、初期キャリアにおける経験を基盤とし、自分のよさに気づいて一芸を磨くといったキャリア深耕期（キャリアを深く耕す時期）です。そして、40代半ばから60歳の定年までは後期キャリアといわれ、リーダーシップを発揮して組織を引っ張ったり、磨いた一芸を拠り所にして、業務のスペシャリストとして自らの能力を発揮するとともに後輩の指導をし、組織に対して貢献する時期となります。

　初期キャリアから中期キャリアへと移行する30代前半、そして中期キャリアから後期キャリアへと移行する40代半ばは、人生における2つの山場とされています。30代前半は、生活面に目を向けると、結婚や出産、子育てといった時期に差しかかり、仕事と生活の両立が問われる時期となります。また、40代半ばは、組織人として後輩の面倒を見はじめる時期であると同時に、生活面では子育てと親の介護等多くの変化が起こります。40代半ばは、生涯発達論にて「中年危機（ミドルクライシス）」や「人生の正午」と表現され、人生における成長と停滞の分かれ道といわれます。

　この2つの人生の山場は、学習や作業の進歩が一時的に停滞する状態であることから、キャリアプラトー（高原現象）と呼ばれています。このキャリアプラトーの時期は、ある意味では安定している状態だといえますが、安定の状態のままだと成長につながらないといったジレンマに陥ってしまう時期です。この時期に重要なことは、「自分は何ができるのか」（能力・才能）、「自分は何をやりたいのか」（欲求・動機）、「自分にとって仕事とは

何か」（意味・価値）といった自問自答から、自己イメージを自覚的にとらえるキャリアアンカーです。アメリカの心理学者シャイン（E. H. Schein）によるとキャリアアンカーとは、長い職業人生を遠洋航海にたとえ、港で下ろす錨（アンカー）をもつことで、自己を見失わず、次のステップへと成長を促す鍵になる考え方です。仕事と生活を両立していくことは大変なことですが、どのような保育者になりたいか、どのような保育を実現したいかを常に自問自答し続けることで、職業人としての考え方が磨かれていきます。

§2　研修の種類と内容

1　園内・園外研修とは

（1）研修の目的と内容

　保育活動の質を高めるために、園内・園外にてさまざまな研修が用意されています。研修では、子どもの発達への理解を深めることや遊びや生活の援助方法、遊び場の環境づくりの工夫、週案・日案といった指導案の作成方法、記録の取り方といった理論的なことから、日々の保育活動に役立つ運動遊びや身体表現、自然体験活動、歌唱指導、絵本の読み聞かせ等の実践的なことまで幅広く実施されています。

　新任保育者のための研修では、子ども理解を深めることや遊び場の環境づくりの工夫、日々の保育活動に役立つ運動遊び等の実践を取り入れた研修が多く実施されています。子ども理解を深めるための研修では、フォトカンファレンスやビデオカンファレンスがよく行われています。フォトカンファレンスでは、子どもが夢中になっている場面を写真に撮り、担当保育者がその写真にタイトルやコメントを書いて園内で共有します。写真をもとに話し合いをするので、子どもが何に興味をもっているかがわかりやすく、たとえば、子どもの遊びが発展するように、どのような環境づくりをすればよいか話し合う場面に用いられます。ビデオカンファレンスでは、自由遊びやクラス活動の場面を撮影し、子どもへの援助の仕方等を振り返ります。保育活動の一連の流れを動画でチェックできるので、子どもの言動に対する保育者の受け答えがセットで確認できます。自身の保育活動を振り返り、改善をし続けることで、保育活動の質を向上させることができます。その他にも、次のような研修が実施されています（次頁、図表13-3）。

図表 13-3　さまざまな研修の目的と内容の例

	テーマ	研修の目的と内容
園への理解を深める	園の理解を深める	自分の園のよいところ探しや課題点を発掘することを目的としています。子どもが楽しそうにしている瞬間や笑顔でいる様子を思い出して、その状況をふせんに書き、勤務先の園への理解を深めます。同様に、課題点も書き出すことで、改善すべきことを共有します
	各クラスの保育活動参観	先輩保育者の様子を参観することで、子どもへの言葉かけや遊び場の環境づくりの工夫等を学ぶことを目的としています。保育参観シートに気づいたことを書き込み、園内で共有します
	園内・園庭マップづくり	園内・園庭マップを用意し、子どもの遊びの実態を把握し、子どもの遊びを発展させるためのアイデアを出し合うことを目的としています。各クラスの遊びの様子を書き込み、園内で共有します
保育実技を身につける	栽培活動の方法	季節に応じた草花、野菜や果物の育て方を学ぶことを目的としています。子どもとともに栽培活動をする際の留意点や種をまく時期、病気になったときの対処法等を習得します
	飼育活動の方法	園内で飼育できる小動物の種類や育て方を学ぶことを目的としています。飼育活動を通して、子どもたちに命の大切さに気づかせるための留意点を学びます
	運動遊び	子どもの発達段階に応じて、体を動かす楽しさを味わってもらう運動遊びを学ぶことを目的としています。少人数からクラス単位でできる運動遊びを実践し、子どもの体力を向上させる方法を学びます
	造形遊び	身近にある素材（新聞紙、折り紙、紙皿、ストロー等）を使って、形や色を手がかりにイメージをふくらませて表現する遊びについて学ぶことを目的としています。ハサミの使い方の指導法といった道具の使い方も学びます
	自然体験活動	自然物を用いた遊びについて学ぶことを目的としています。タンポポの茎の笛づくりや花の冠づくり、笹舟づくり、アサガオの花の色水遊び、ヨウシュヤマゴボウの草木染め、どんぐりこまづくり等、さまざまな遊びを習得します
専門性の向上	指導案の作成	指導案を作成することを通して、子どもの活動を読み取り、子どもの成長を促すための環境構成と保育者の援助について考えることを目的としています。週案や日案の書き方を学ぶことで、自身の保育活動を振り返る役割も果たします
	保育記録の書き方	日々の保育活動の振り返りやエピソード記録等の書き方を学ぶことを目的としています。子どもの成長を感じた瞬間や何かに夢中になって挑戦している姿といった記録すべき視点を学びます
	専門分野の外部講師による講義	保健衛生や防犯・安全教育といった専門分野から外部講師を招き、保育現場にて役立つ知識を習得することを目的としています。子どもの発達障害への理解、子育て家庭支援、怪我への対応、地域の歴史等、さまざまに実施されます

（2）園内研修で学ぶこと

　園内研修は、勤務園への理解を深めるための研修、保育実技を身につけるための研修、保育者の専門性向上のための研修、に分けることができます（前頁、図表13－3）。

　勤務園への理解を深めるための研修では、園の保育・教育目的や方針を確認し、育みたい子ども像を皆で話し合ったり、園内・園庭マップづくりを通して子どもの実態を把握します。勤務園のよいところや改善点といった課題も話題に取り上げ、新任保育者から先輩保育者までが参加をして情報共有を行います。また、社会人としてのマナー講座やチームビルディング研修といったチーム意識を高める研修も実施されています。

　保育実技を身につけるための研修では、日々の保育活動に取り入れたい運動遊びや造形遊び、自然体験活動といった保育技術を学びます。新任保育者の場合、先輩保育者の保育活動を参観する研修も実施されます。参観をすることによって、保育の準備や遊びを通しての援助の仕方、保育に対する考え方、保護者とのかかわり方等、さまざまなことを学ぶことができます。

　保育者の専門性向上のための研修では、子どもの発達段階に応じた遊び場の環境づくりや指導案の作成、保育記録の書き方等について学びます。昨今では、子育て支援や発達障害の子どもと家庭への支援が重視されており、そうした保育課題への理解を深める研修が実施されています。

　以下は、実際にA保育所にて行われている新任保育者のための園内研修の事例です。A保育所では、年間11回の園内研修が行われています。

図表13-4　A保育所における新任保育者のための園内研修（2019年）

	日　程		講義・演習	テーマ
1	4月	13：30-15：00	講義	社会人としてのマナー講座
2	5月	13：30-15：00	演習	サーキット遊びを取り入れよう
3	6月	13：30-15：00	演習	自然物を用いた遊びと留意点
4	7月	13：30-15：00	演習	身体表現活動の指導方法
5	8月	9：00-16：00	講義	先輩の保育活動から学ぶ（保育参観）
6	10月	13：30-15：00	講義	特別支援の子どもへの理解を深める
7	11月	13：30-15：00	演習	子どもが夢中になる造形あそび
8	12月	13：30-15：00	演習	子どもを惹き付ける絵本の読み聞かせ
9	1月	13：30-15：00	演習	室内における遊び場の環境づくり
10	2月	13：30-15：00	講義	エピソード記録の書き方を学ぶ
11	3月	9：00-16：00	講義・演習	保育実践・ビデオカンファレンス

（3）園外研修で学ぶこと

　保育者は、子どもの成長を促す専門家としての役割を果たすだけでなく、多様化・複雑化する社会において、子どもと保護者への家庭支援も担っています。園外研修は、法令によって定められた研修（初任者研修、中堅教諭等資質向上研修）や職能に応じた研修、各都道府県の私立幼稚園・保育園連盟といった団体が独自に実施している研修等があり（図表13－5）、自分の興味・関心のある研修会に参加をすることができます。

　法令によって定められた研修（教育公務員特例法）は、社会教育センターや野外活動センター等にて講義や演習による研修が行われ、年間10日間（うち宿泊研修4泊5日程度）実施されます。職能に応じた研修では、主任や園長といった管理職のための研修が行われています。

図表13-5　法定研修の実施内容

分　野	テーマ
教育分野の課題	子育て支援・預かり保育、体罰の防止、不登園対応、児童虐待への対応、特別支援教育、心のバリアフリー、帰国・外国人幼児への指導、子どもの貧困、食育、安全に関する指導、保健指導、ＩＣＴを活用した指導、校務の情報化、持続可能な開発のための教育
保育者・教育者の基礎的素養	コーチング、対人関係能力、カウンセリング、保護者との関係づくり・家庭との連携、地域との連携・協働、小学校教育との接続
教育課程	カリキュラム・マネジメント、遊びを通した総合的な指導、指導計画の作成、主体的・対話的で深い学び、環境の構成、絵本や物語に親しむ活動
幼児理解	幼児理解、幼児理解に基づいた評価
園のマネジメント	学級経営、学年経営、学校経営、学校評価
勤務関係	人権教育・男女共同参画、公務員倫理・服務、セクシャルハラスメント、危機管理、勤務時間を意識した働き方、メンタルヘルス

文部科学省「初任者研修実施状況（平成29年度）調査結果について」から作成

２ 免許状更新講習とは

　2009（平成21）年4月から教員免許更新制が導入され、教員免許状には10年間の有効期間が設けられました。教員免許更新制は、教員として必要な資質能力が保持されるよう、定期的に最新の知識技能を身につけることを目的としており、保育者や教育者が自信と誇りをもって保育・教育活動ができるようにするための制度です。

　有効期間を更新して免許状の有効性を維持するには、2年間で30時間以上（必修領域講習6時間以上、選択必修領域講習6時間以上、選択領域講習18時間以上）の免許状更新講習の受講・修了が必要になります（次頁、図表13－6）。免許状更新講習は、教員養成課程をもつ大学等で開設されており、所定の課程を修了することで、修了証明書が発行されます。

図表 13-6　免許状更新講習の領域と時間数、講習の内容例

講習の領域	時間数	講習の内容例
必修領域 ※全員共通の内容	6時間 以上	国の教育政策や世界の教育の動向や教員としての子ども観、教育観等についての省察、子どもの発達に関する脳科学、心理学等における最新の知見（特別支援教育に関するものを含む）、子どもの生活の変化を踏まえた課題といった教員に求められる最新の知識・技能の修得と今日的な教育課題についての理解を深めます
選択必修領域 ※所有する免許状の種類により、所定の内容から選択	6時間 以上	就学前の子どもを対象とした教育・保育、子育て支援、早期教育などの現状を具体例に則して把握し、関連の研究の概要を取り上げ、就学前教育のエビデンスを確認し、子どもの発達を保障する保育・教育のあり方を検討します
選択領域 ※対象職種に応じた講習を選択	18時間 以上	乳幼児期の社会性の発達に関する最新の研究・知見を通して、子どもの発達的理解を深めます。近年では、発達障害をはじめ社会性の発達が重視されており、発達や家庭などから多角的に子どもの姿を理解すること、個別支援だけでなく、集団の中で子どもが育つことについて学びます

文部科学省「令和元年度免許状更新講習の認定一覧（令和元年10月現在）」から抜粋

3　保育士のキャリアアップ研修制度とは

　2017（平成29）年4月から、保育士の昇格・処遇改善を目的としたキャリアアップ研修制度が導入されました。これまで保育士の制度上の役職は、主任保育士と園長の2つのみであったため、クラス担任を10年ほど経験した保育士が、いきなり主任保育士となって園内のマネジメントをする立場になっていました。そのため、主任保育士になる前に、職務分野別リーダー、専門リーダー、副主任保育士の3つの役職を設け、中堅保育士の資質・能力を磨く体制が整備されました（次頁、図表13-7）。

　このキャリアアップ研修は、おおむね3年以上の保育経験（職務分野別リーダーは3年、専門リーダー・副主任保育士は7年）をもつ人を対象としており、研修内容は、①乳児保育、②幼児教育、③障害児保育、④食育・アレルギー、⑤保健衛生・安全対策、⑥保護者支援・子育て支援、⑦保育実践、⑧マネジメントの8つの分野に分かれています。1分野の受講時間は15時間以上であり、職務分野別リーダーの場合は1分野の受講（15時間以上）、専門リーダーや副主任保育士の場合は4分野の受講（60時間以上）が必要となります。これらの役職に就くと、職務分野別リーダーは月額5,000円、専門リーダーや副主任保育士は月額40,000円の給与加算があります。保育士の早期離職の背景には、賃金の問題もあったため、離職率を抑える効果も期待されています。

図表 13-7　保育士のキャリアアップ研修制度

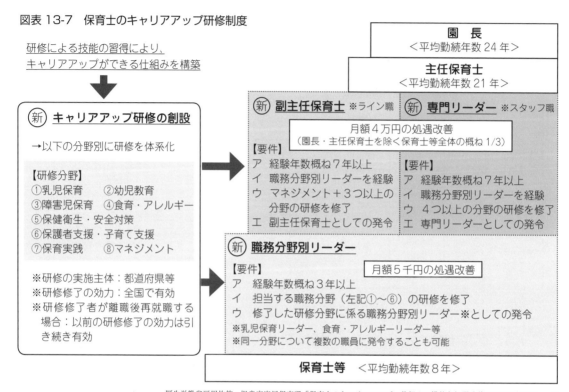

厚生労働省雇用均等・児童家庭局保育課「保育士のキャリアアップの仕組みの構築と処遇改善について」2017、p.10

§3　研修の成果を現場でいかしてみよう

1　学んだことを現場で実践してみよう

　研修では、日々の保育活動のヒントになる多くのことを学びますが、知識を蓄えるだけでは、保育の質を向上させることにつながりません。そのため、研修中は、自分の保育活動を思い浮かべながら、「この話は、この実践に役立つかな」とイメージをもって話を聞くことをおすすめします。そして、研修を受けた次の日から、ぜひとも現場で実践してほしいと思います。運動遊びや自然物を用いた遊びといった保育実践の研修であれば、比較的導入しやすく、子どもの反応や保育の手応えを実感することができます。実際にやってみることで、工夫すべき点が見え、さらに研修で学んだことに自分なりのアレンジを加え、保育を発展させることも可能となります。

　また、子どもの発達理論や家庭支援の方法、指導案の書き方、記録の取り方といった理論的な学びは、すぐに実践で通用するものではありません。理論は一つの判断軸になるも

のであり、自分なりのものの見方や考え方が育つ過程には、経験と時間が必要になります。子どもの発達も人それぞれであり、家庭の様相もさまざまにありますが、理論的な判断軸をもつことで、子どもの育ちを見る際の視点が定まったり、家庭への支援で留意すべき事柄がわかるようになります。

② 園内への情報共有

　皆が気持ちよく働くことのできる風通しのよい職場とは、情報共有がしっかりとされていることが基本にあります。園内における保育研究や保育参観といった研修は、先輩保育者も同席することが多いため、情報共有をしやすいですが、園外研修は新任や中堅、園長といった対象者別であることも多く、自分から情報共有をしようとする姿勢が求められます。また、園外研修に出かける場合、自分が研修で学んでいる間は、保育を他の担当者に任せることになります。そのため、しっかりと学び、学んだ成果を園に還元する責務があります。

　新任保育者として、園長からいわれる前に、「園外研修にて、○○の資料をいただきました。園内にて情報共有をさせていただいてもよろしいでしょうか」と自分から伝えてみましょう。自分から情報発信をしていこうとする主体的な姿勢は、人間関係をつくる上でも大切な態度であり、その態度をもつことで、まわりも自分の情報を開示しやすい雰囲気になります。まずは、自分からの情報発信です。保育活動は、多くの保育者によって担われており、一人ひとりの相互連携意識がよりよい園内環境をつくることにつながるといえるでしょう。

14章 これからの保育者・教育者とは

§1 主体として生きる子ども・保育者

1 「育みたい資質・能力」と「幼児期の終わりまでに育ってほしい姿」

　2017（平成29）年に同時に告示された保育指針、教育要領、教育・保育要領においては、乳幼児期の教育の重要性を強調し、この時期に育みたい資質・能力と幼児期の終わりまでに育ってほしい10の姿が共通に示されました。

　このような改訂（定）はこれまでにはありませんでした。今回一緒に改訂（定）されたということは、保育所、幼稚園、認定こども園に共通する、乳幼児期の教育が目指す目標が掲げられたということになるでしょう。この背景には、国際化、情報化はもちろんのこと、世界的に進められている教育改革があります。子どもたちがこれからの時代を生き抜いていく上で必要な力は何かという議論が進んでいるということです。OECD（経済開発協力機構）が中心になって、以下のような新しい学力観を発信しています[1]。

　　1．個人と社会との相互関係に関する能力：社会・文化的・技術的ツールを相
　　　互作用的に活用する能力
　　2．自己と他者との相互関係に関する能力：多様な社会グループにおける人間
　　　関係形成能力
　　3．個人の自律性と主体性に関する能力：自律的に行動する能力

　これからこの社会を生きていく子どもに育みたい力とは、自分で選択し判断して行動することができ、人とコミュニケーションを取ったり、協働したりして、主体的にさまざまなことに取り組むことができることであると考えられました。そして、このことが保育指

針、教育要領、教育・保育要領の改訂（定）に反映されたということです。保育指針、教育要領、教育・保育要領では、生きる力の基礎として、乳幼児期に育む必要のある能力や資質をどのようにとらえることが必要なのか具体的に示されました。それが図表 14−1 のような 3 つの柱です。

図表 14-1　乳幼児期に育みたい資質・能力

知識及び技能の基礎 豊かな体験を通じて、感じたり、気付いたり、分かったり、できるようになったりする	思考力、判断力、表現力等の基礎 気付いたことや、できるようになったことなどを使い、考えたり、試したり、工夫したり、表現したりする

学びに向かう力、人間性等
心情、意欲、態度が育つ中で、よりよい生活を営もうとする

　3 つの資質・能力は、教育の 5 つの領域である「健康」「人間関係」「環境」「言葉」「表現」を踏まえて、遊びを通しての総合的な指導により一体的に育むことを目指しています。小学校や中学校の教育においては、生きて働く「知識・技能」、未知の状況にも活用できる「思考力・判断力・表現力等」の育成、どのような社会・世界とのかかわり・よりよい人生を生きるか「学びに向かう力・人間性等」とされ、乳幼児期の教育で育まれる資質や能力をその後の学校教育へとつなげていくという道すじが示されました。

　また、乳幼児期に育んでいきたい資質・能力と教育面での 5 つの領域の内容・ねらいを合わせたものが「幼児期の終わりまでに育ってほしい姿」として 10 項目示されました。

図表 14-2　幼児期の終わりまでに育ってほしい姿 10 の姿

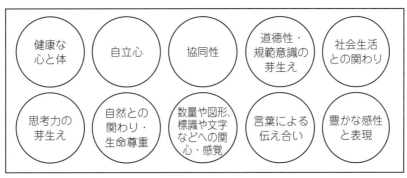

　2017（平成 29）年に同時に告示された保育指針、教育要領、教育・保育要領の解説によれば、「幼児期の終わりまでに育ってほしい姿」として示された 10 項目は、育ちの方向性や指導の方向性であり、幼児期の終わりまでに到達させる目標ではないと示されています。幼児期の終わりまでに到達させる指標ではなくプロセスであると示されていますが、小学

校での生活や学習につながっていく大切な 10 の項目であることを重視する必要があるでしょう。先の 3 つの資質・能力と合わせて、小学校の教育に連続、継続していくものであり、保育する上で大切なものであることを理解しておく必要があるでしょう。

2 子ども・保育者の「試行錯誤」

前述した「育みたい資質・能力」や「幼児期の終わりまでに育ってほしい姿」は、保育の中でどのように育まれていくのでしょうか。その鍵は、何気ない日常の保育の中にたくさんあります。今、子どもの主体性や自主性が重要視されるようになっています。「主体性」「自主性」とは、どういう様を指すのかよく考えてみる必要があります。それは、保育者が子どもに指導するものではないことをまず、心に留めなければなりません。主体性や自主性は、「自ら」というところを十分に考慮する必要があるのです。

保育者は、「教えたがり」です。保育の先人高杉自子は、『子どもとともにある保育の原点』の中で、「もともと教師には教えたがりやが多い。教えるのが好きだから教師になったのかもしれないが、教えたい願望が強すぎることが保育の邪魔をしている場合もあるのではないか。小学校から幼稚園に転換された私は徐々にこのことに気づき、教える教師から学ぶ教師へ転向するむずかしさを経験した。即ち、学ぶ大切さを味わうことこそが教師であり、保育者ではないかと思う」2) と書いています。子どもに教えるということはどういうことなのかその「根っこ」から考えてみる必要があるということです。子どもが「やろうとしない」、だから、「やれるようにしなければならない」と保育の中では考えがちですが、子どもが自ら気づくこと、子どものその気づきに保育者がいかに気づくかということが大切なのです。

ある保幼小連携研究会の中で、「子どもの遊びとは」というテーマで筆者が講師を務めた講演後の小学校校長の講評で、「子どもが真に主体的になったとき、目的を達成するためにはそのエネルギーを繰り返し発揮することができることを実感している。子どもが好きなことに夢中になることが教育の中では重要であると、この講演からあらためて考えさせられた」と話されました。筆者は、この講演会の中で「子どもが夢中になって遊んだり、勉強したりすることが真の学びにつながる、教育者、保育者はその『しかけ』をすることに時間やエネルギーを使わなければならない」と、参加していた教育者、保育者に問いかけたのです。講評の小学校校長は、「子どもが自らつくり出した遊びについて、教師が『危険』だからという理由で、一方的に片づけたが、数日後にはまた同じ場所でその遊びが繰り返されていた。その状況から想像する子どもが発揮するエネルギーは壮大である。子どもが安全に学習することを考えることは重要であるが、子どもが自ら学ぶことを十分考えて今後は危機管理していきたい」と述べられました。

子どもの保育とは何か、前述から読み取ることができるでしょう。「育みたい資質・能力」「幼児期の終わりまでに育ってほしい姿」のプロセスは、小学校、その先の学びに連続・継続していくものであり、保育者がそのプロセスにどのように寄り添い、立ち会うとよいのか示唆しています。子どもが遊びや生活の中で試行錯誤を繰り返すことが重要であることを理解した上で、保育者は、「今、ここ」の子どもが何に興味があり、何をしたいのか、心を傾けて子どものやりたい、夢中になれることを支えることが必要です。そのためには、子どもを理解するために、子どもの行動や心の動きをよく観察することや、子どもが試行錯誤できる環境を準備することに試行錯誤し続けることが必要でしょう。

③ 主体的な活動（生活や遊び）と試行錯誤できる「環境」づくり

子どもが試行錯誤できるために重要なことが二つあります。一つは安心して自分を発揮できる仲間関係が存在すること、もう一つは、やってみたい、試してみたいと思える遊び（環境）があるかということです。具体的には、子どもが環境に主体的にかかわっていけるような生活や遊びがあるかどうかということです。これらについて、保育者が果たす役割は非常に重要であるといえるでしょう。

仲間づくり、子どもが主体的にかかわりをもつことができるための環境づくり、両者に共通するもっとも大切な保育者の役割は、子どもをよく見て理解することです。子どもの「やりたい」を見つけて、あるいは引き出して、「やりたい」を実現していくことが必要です。保育者の役割や援助については、いろいろな文献や書籍に記されています。「子どもを受け止める」「子どもに寄り添う」「子どもに共感する」等です。これは保育者に必要な基本姿勢です。この基本姿勢を基盤にして、子ども一人ひとりの「持ち味」を大切にして子どもの「やりたい」を見つけていくことが、さらに必要な基本姿勢なのです。そのためには、子どもをいろいろな方向から観察していくことが必要です。一方向から子どもを見て「この子はこれが好きで、これがやりたい」と決めてしまわず、保育者も試行錯誤しながら子どもを見ていくことが必要でしょう。

子どもをよく見て理解するだけでは、子どもが主体的に生活や遊びを展開することはできません。子どもにも試行錯誤できる生活や遊びを保育者が試行錯誤しながら「しかけていく」ことが、保育者の重要な役割であるといえるでしょう。子どもが自らつくり出したことを受け止め、認めながらさらにつくったものを進化させたり、遊びを発展させたりすることが必要です。前述した「育みたい資質・能力」の道すじをあてはめて考えてみるとよいでしょう。「知識・技能の基礎：豊かな体験を通じて、感じたり、気付いたり、分かったり、できるようになったりする」子どもがいろいろなものを見たり、聞いたり、触れたりすることで、感じたり、気づいたり、わかったり、できるようになるためには、さ

まざまな経験ができるように、豊富な環境を整えておく必要があるでしょう。さらにこの経験を深めていくためには、「思考力・判断力・表現力等の基礎：気付いたことや、できるようになったことなどを使い、考えたり、試したり、工夫したり、表現したりする」ことが必要です。「思考力・判断力・表現力等の基礎」を身につけられるようにするには、モノやコトの仕組みや因果関係に興味や関心をもって取り組むことができるような環境づくりや援助が必要でしょう。また、「知識・技能の基礎」→「思考力・判断力・表現力等の基礎」の育ちを支えるのが、「学びに向かう力・人間性等：心情、意欲、態度が育つ中で、よりよい生活を営もうとする」、生きる力の獲得なのです。資質・能力の３つの柱は、順番に育つというものではなく、相互に影響し合って、身についていくものです。子どもの主体的な活動を支えるためには、保育者が常に試行錯誤することが必要なのです。保育とは、子どもの未来をつくるために、子どもの命を輝かせるために常に試行錯誤することなのではないでしょうか。この営みは、小学校へ、中学校へと続きます。

§2　保育という仕事の本質

1　子どもを「自ら育つ」ととらえる

「自ら育つものを育てようとする心、それが育ての心である」[3)]倉橋惣三は、『育ての心』で子どもを育てることについてこのように説いています。「子どもは自ら育つ」と理解することから保育ははじまるのです。子どもは、私たち大人があれこれ指示したり、要求したり、教えたりするから育つものではなく、子どもが自ら「これが知りたい」「これができるようになりたい」という気持ちが内から湧き上がってきて、実際にそれに取り組んだり、挑んだりする過程の中で子ども自身の力が向上していくことで育っていく存在です。

　保育は、子ども理解からはじまり、子ども理解に終わるとまでいわれるように、子どもをどのように理解するかが保育の重要なポイントであるといってよいでしょう。乳幼児期だけでなく、小学校、中学校の課程でもこれは同様ではないでしょうか。「今、ここ」の子どもをどのように理解するのかに、かかわる年齢など関係ありません。子どもは「自ら育つ」「自ら自分を育てようとする」ということです。保育者がこのことを徹底して心に刻み、常に省察しながら保育に臨むようにしたいものです。

2　子どもとともに育つ

　保育は、さまざまな人間関係が伴います。子ども、保育者、保護者など、感情的な関係の中で営まれていきます。常に相互に影響を受け合って営みが続きます。子どもはもちろ

んのこと保育者も、子どもとの関係、同僚との関係、保護者との関係の中で、その関係の内容や質によってその行動が決まります。この関係性を理解しておく必要があるでしょう。

　保育という営みは、子どものことが理解でき、それが深まってくると、子どもとどのようにかかわったらよいのかわかり、次第に子どもに任せたり、必要なときに一生懸命向き合うことで子どもとよい関係がつくれたりすることに気づいたりするなど、子どもそれぞれへの適切なかかわり方が心でも体でも実感できるようになります。子どもが育つとともに、保育者も子どもからさまざまなことを教えてもらって、より適切なかかわりができるようになるということでしょう。対人関係の行為を通じて子どもが育つとともに、保育者が互いに学び合うということです。これが「子どもとともに育つ」ということなのです。

3 子どもが「自分で自分を育てる」ことを支える

　子どもが自分で自分を育てるとはどういうことでしょう。子どもには自分から育ち、今の自分を超えていく力があります。子どもが自分で「自分は成長した」と実感するのはいつごろからでしょうか。このような問いを出すと、「小学生になってから……？」という答えが返ってくることがあります。確かに「できた」「できない」がさまざまなことに影響するのは、大きくなってからかもしれません。しかしながら、生後1年までの乳児の成長過程で見られる節目の子どもの様子を見ると、子どもが自分の成長をかみしめている様相を見ることができます。たとえば、生後4か月の「寝返り」は、はじめは大人の手を借りて、体をひねり体勢を変えようとします。それを繰り返すうちに自ら体をひねり一生懸命体勢を変えることに挑み続けます。そして、自らその挑戦に打ち勝ち、腹ばいになることができたとき、「どうだ、自分でできたんだ。自分は成長したんだ」といわんばかりの満面の笑みを見せます。腹ばい、ハイハイ、つかまり立ち、そして、自分で立ち、歩き出す、この要所で、言葉は発しないものの、自分の力で自分が成長したと、体全体で表現しているのではないでしょうか。子どもは、このころから自分の力を信じ、自分に身についてきたさまざまなスキルを使って新しいことに挑戦したり、自分のまわりで何かをしている人を見て、自分でもしたいと思って挑んだりするなど、自分のスキルを試行錯誤しながら使い、「できる」「やりたい」を増やしていくのです。

　子どもは自分で自分を育てることができます。しかし、自分の「やりたい」を心から実現したいと思わなければそれは実現しない、身につかないということもまわりの保育者を含めた大人が理解しておかねばなりません。何かに興味や関心・意欲をもち、自らそれに挑んだとき、子どもが子どもらしく育つということなのです。子どもが自ら自分の「やりたい」「なりたい」に向かっていくためには、子どもが興味や関心・意欲がもてる「環境」をつくることが子どもの育ちを支えることになるのでしょう。

§3 未来に向かう保育者

1 生きていく力を子どもが身につけるために

社会はグローバル化しています。グローバル化した社会を生き抜くためには、いろいろな力が必要になります。知識や技術を身につけることはもちろん、環境の変化に対応できる力も必要です。ロボットやAIの登場で、人間の生き方やありようについても考えることが多くなりました。子どもが生きる21世紀は、どんな時代になるでしょうか。

経済問題、環境問題、戦争、紛争等々、地球規模の問題に直面することもたくさんあるでしょう。この局面をどのように乗り越えていくのか、個人で考えることもあれば、国際問題として、多様な国の人たちと考え合い、知恵を出し合って、課題解決していくことも必要になるでしょう。そのようなことを見据えて、いろいろな力を身につけていくことが必要でしょう。今すぐにでも身近なところから考えていくことができると思います。先人の継続的な尽力で、私たち人類は便利な生活を手に入れました。その分失ったものもたくさんあるのではないでしょうか。発展を遂げた結果、地球の温暖化は止まりません。北極の氷山が溶け出し、その影響の大雨で洪水が起こり、世界中に甚大な被害をもたらしています。北極のシロクマは住むところを失い、山奥に住む熊は餌を求めて人間が住む領域に姿を見せるようになりました。これは日本でも起こっています。なぜこのような環境の変化が起きるのか、21世紀の保育を支える保育者は、この状況を受け止め、未来を担う子どもたちに何を伝えていくことが必要なのか、自分自身でよく考え、行動に移していくことが、未来に向かう保育者の重要な役割ではないでしょうか。

21世紀の保育をデザインすることは、不透明で予測不能な未来にどのように向かうのか考えることでもあります。子どもが自ら「問い」をもって、他者と知恵を出し合い、情報共有したり、協力したりしながら、課題を解決していくということができるようになることでしょう。子どもが主体的であることはもちろんのこと、人や自然を含めたモノ、コトと豊かに対話し、協同的に探究できる深い学びになっていくように、保育者自身も主体的で対話的、協同的に深く学ぶという認識や姿勢をもつことが大切でしょう。

2 保育者の専門性　—専門家として育つこと—

まずは、「子どもを理解する」ということを述べてきました。子ども理解や子どもの姿をとらえることの必要性については、保育者養成校の講義を聴いたり、保育関係の書籍や雑誌を読んだりすることなどからも理解できるものですが、実際に保育をはじめると、子

どもを理解するどころか保育をすることに精一杯というのがどの保育者も経験するところです。子どもが自分のいうことを聞いてくれない、子どもが指示通りに動いてくれないなど、何が何だかわからない、先輩に「こうすればいい」といわれてもなぜそうなのかも理解できず、ただ、自己嫌悪に陥りストレスだけがたまっていくというのが現実のようです。保育者の誰もが同じようにこうした経験を積みながら、次第に先輩の言葉に耳を傾けたり、研修会などでの先輩の報告や具体的な事例に触れるなどして、子どもの気づきや発見を気づくことができるようになったりしていくのです。

　大切なことは、「気づく」ということです。子どもの姿を見ようとする「保育者のまなざし」を保育の営みの中で磨くことです。保育は一人ではできません。当然、子どもの気づきに気づくことも、日々の保育について考えることも、一人で学ぶのではなく置かれた環境の中でどのように学べるのか、一人ひとりが考え、その環境の中でアンテナを立てて多くを受信し、自分の考えや日々の保育の悩みや疑問を積極的に発信することが非常に重要であるということです。§2の2で、「子どもとともに育つ」ことについて述べました。保育者として専門性を高めていくためには、援助し支え合う関係をつくっていくことが大切です。

　保育者として専門性を高め育っていくためには、まず、保育者である前に一人の人間として在るということを認識する必要があります。そこに身を置くことで、子どもにとって身近に感じる人となり、かかわりを通してさらに近い存在になるということです。生活者としても子どもにとって具体的な人間のモデルとなっているということです。さらには、生活者として心身のコンディションが、子どもにも保育者相互にも大きく反映されることになります。人として在るということを保育者として生きる根っこに置きながら、子ども、保育者、保護者とともに生きるという視点をもち、人が人と生きるという厳しい現実も感知しつつ、お互いに励まし合い高め合う場や仕組みをつくり出すように努めていくこと、これが専門家として育っていくことになります。

3 保育者の原点

　倉橋惣三は『育ての心』の中で　子どもの「こころもち」を以下のように述べています。

　「子どもは心もちに生きている。この心もちを汲んでくれる人、その心もちに触れてくれる人だけが、子どもにとって、有難い人、うれしい人である。

　子どもの心もちは、極めてかすかに、極めて短い。濃い心もち、久しい心もちは、誰でも見落とさない。かすかにして短き心もちを見落とさない人だけが、子どもと倶にいる人である。

　心もちは心もちである。その原因、理由とは別のことである。ましてや、その結果とは切り離されることである。多くの人が、原因や理由をたずねて、子どもの今の心もちを共感してくれない。結果がどうなるかを問うて、今の、此の、心もちを諒察してくれない。殊に先生という人がそうだ。

　その子の今の心もちにのみ、今のその子がある」[4]　（ルビ、筆者）

　子どもの心もちをわかるには、日々の保育の営みにあります。日々保育を振り返ることです。ドナルド・ショーン（Schon, D. A.）は、専門家の専門性を知識や技術ではなく、文脈や状況に応じて即興的に行為しながら考える省察を行為の中の省察「reflection in action」と呼び、行為が終わってから熟慮した省察と分け、その両方の機能の重要性を指摘しました。行為の中の省察、子どもの心の動きを振り返って読み解くこの時間をもつことが専門家として育つためには必要不可欠です。保育を記録して振り返ることは、子どもとともに次へと、そして未来をつくり出していくことになるのです。

　子どもの真の心もちを読み解くためには、一人ひとりの記録を通して振り返ることだけではむずかしいことです。保育を営む同僚と、あるいは園を超えてつながる保育者の仲間と、協働で学び合う専門家のチームをつくり互いに学び続けることが必要でしょう。保育者が主体的に専門家として自分自身に、保育者集団に「問い」を出すことが保育の明日を、未来をつくり出すことになるでしょう。

私の学びの ポートフォリオ
―学びをしっかり確認しよう―

　学習を終えて、自分の考えにどのような変化があったでしょうか。ポートフォリオは成長過程でとても重要な役割を担います。目標へ向かうプロセスの中で、考えたこと、気がついたことを記入することによって、客観的に見て振り返ることができます。この本で学習した内容を表に書いてみましょう。学んだことだけでなく、マーカーで線を引いたところやメモをしたところ、この本を通して友達と話したことなども記入するとよいでしょう。

章	学習した内容	学習して考えたこと
1～3章		
4～7章		
8～10章		
11～14章		

　この本を通してあらためて考えた自分の未来像「どのような保育者になりたいか」を書いてみましょう。この本のはじめに書いた保育者像（本書 p.9 参照）と比べてみましょう。

先生からみなさんへの 心温まる エール

保育現場で多くの経験を積まれた先輩保育者や、保育者養成校で学びを教えてくれる先生から、学生のみなさんへのエールです。実際の保育現場などからの話に触れ、子どもとともに成長できる保育者を目指しましょう。

野田北部幼稚園 園長（千葉県野田市） 加藤英夫先生

 "失敗したこと"よりも"失敗したあと、どうするか"

　何事にも失敗はつきものです。とくに保育者は何人もの子どもたちを相手に、毎日試行錯誤しながら保育にあたるため、失敗することも多いでしょう。また、子どもたちだけではなく保護者対応や事務処理など保育者の仕事は多岐にわたるため、失敗の種類や大きさもさまざまです。

　失敗が続くと人は落ち込んでしまうものです。自分だけが失敗を繰り返してしまうと「私は保育者には向いていないのではないだろうか……」と、ついネガティブに考えてしまう人も多いのではないのでしょうか？

　でも、安心してください。記憶から消し去りたいほどの失敗も教訓にすることで人は成長します。今活躍している先輩の保育者のほとんどが、これまでに多くの失敗を経験してトライ＆エラーを繰り返しながら、子どもたちと一緒に成長をしてきました。

　新人の保育者は、先輩の保育者に比べて保育経験が浅く、知識も乏しいのは当然のことです。最初から"完璧にしよう！"と思わずに"失敗とうまく付き合っていくこと"が大切です。"失敗したこと"よりも"失敗したあと、どうするか"が重要です。自分一人で解決しようとはせず、必ず先輩や上司に相談しましょう。わからないことを聞くことは決して恥ずかしいことではありません。先輩の保育者も通ってきた道ですので、必ず解決策やアドバイスをくれるはずです。そして、教えてもらったことを次にいかす努力をしましょう。何度も失敗をし、それを乗り越えていくことで、保育や人間性にも厚みが出てきます。

　保育は一人ではできません。失敗もフォローし合いながら、チームで力を合わせて、子どもたち一人ひとりが輝ける保育を目指していきましょう。

上池さくらこども園 副園長（静岡県浜松市）　橋爪けい子先生

 ## 保育者っておもしろい！　（私とKちゃんのひみつ）

　「せんせい、あのね。わたし、スズメ先生って好きだやぁ」と、3歳児クラスのKちゃんが、私と手をつないで散歩しているときに、いいました。（えっ、スズメの先生？　そんな物語はあったかな？）私にはサッパリわからないので、「あのさぁ、スズメ先生ってどこにいるの？」と、聞いてみました。すると、Kちゃんはつないでいた私の手をギュッと握って振りながら「ここにいるじゃーん！」といって、ニコニコ笑顔で私を見上げていました。私は、Kちゃんが私の名前を「は・し・づ・め」ではなく「スズメ」だと思っていたことにびっくりし、また、私を「好きだ」と明言していることに大きな喜びを感じ、とてもうれしくなりました。

　保育は、保育者が毎日子ども一人ひとりとかかわり、心と心をつないでいくことですね。この出来事は、Kちゃんと私だけの「ひみつ」ともいえる楽しい思い出であり、私の宝物です。子どものことをわかってあげること、子どもが喜んでくれる遊びを提供することが、子どもにとって、「この人と一緒にいると楽しい」と思ってくれるようなやさしい気持ちを育てることになります。

　具体的には、どうすればよいのかというと、「保育は子ども育て、自分育て」なので、子どもたちと一緒に遊んでいく中で、揺れ動く保育者自身の心を大きく成長させていくことでしょうか。

 ## 楽しい保育をするために　（子どもたちが喜ぶ保育技術）

　1分だってじっとしていられないのが子どもです。なにしろ目新しいもの、動くもの、変わったものに、興味をもち、目をキラキラさせていますから。

　子どもを一日のうちの長い時間預かる園は、子どもの心や生活を豊かにし発達を助長する工夫をする必要があり、それらを保育技術といいます。

　保育は子どもの生活すべてを含んでいますから、食事、睡眠、排泄、服を着ること、友達とかかわることなどすべてのことに関して、歌、手遊び、絵本、紙芝居、絵話、ペープサート、パネルシアターなどによる視覚や聴覚から、また、体操、ダンス、リトミック、劇などで体を動かしたり、頭を使ったりする運動神経から、大脳に「楽しい」を伝え子どもたちの自立や成長を助けるのが目的です。

　さあ、身近にいる子どもたちにどんなおもしろいことを提供しましょうか？　何だかワクワクしませんか？　手遊びは、道具がなくてもいつでもどこでもできますね。絵本もたくさんあって、おもしろいですね。体を動かすと心もウキウキしますね。私は、腹話術をします。子どもたちにとって興味深く、不思議なものです。どんな保育技術をしてもよいのですが、もっとも大切なことは、それをする保育者がイキイキと保育を楽しみ、子どもとともに会話し、悩み、笑ったりして、豊かな心をもって人生を生きることです。

静岡産業大学　経営学部　酒井範子先生

 心を込めて伝えるということ（保育者の原石のみなさんへ）

　大学生の日常会話には、私にはとてもついていけない若者言葉があふれています。
　友人同士、心を交わす手段としての会話は、とにかく機関銃のように速く、若者言葉で
あふれています。今風の軽妙な話し方は活気や明快さがあり、否定するものではありませ
ん。しかし、気になる言葉で、ふと眉をひそめてしまいます。「うざい」「きもい」などは
どうでしょう。「うざい」「きもい」といっている本人は、さほど悪意なく、何気なく口に
している場合が多いように思います。しかし、いわれた側は深く傷ついてしまいます。し
かも、いわれた相手は猛抗議することができる人ばかりではないことも考えておかなけれ
ばなりません。人は、言葉で深く傷つき血を流すこともあり、その先にいじめという深刻
な問題が隠れているように思えるのです。
　背景にある大人の言葉環境に影響され、子どもの言葉も変化してきています。集団保育
の場で、保育者や友達に投げつけられる「うざい」「きもい」もきっとあることを覚悟し
なければなりません。

　解決法を考えるとき、みなさんが将来の仕事に選択した保育者の「ことば」はとても大
切だということに行きあたります。ネット環境の普及で、日常的に人と顔を合わせて相手
と言葉を交わす経験が減っている今、相手に伝わる言葉、話し方はどのようなものかを経
験的に学ぶ機会も少なくなっているように思います。保育者を目指すみなさんには相手に
心を込めて伝えることができる保育者になってほしいと思います。
　乳児クラスでは、喃語に応答する保育者の笑顔に添えられる豊かな言葉が、乳児期の言
葉の獲得を援助します。幼児期のコミュニケーション能力の獲得も保育者自らが言葉環境
そのものとなるのですから、覚悟をもって臨まなければなりません。子どもは、絵本の読
み聞かせが大好きです。それは、絵本が正しく豊かな言語表現で、豊かな心の持ち主にな
るようにと語りかけてくるからです。それを大好きな保育者が自分に読み聞かせてくれる
のですから、真に珠玉の時間になるのだと思います。

　「先生のことが大好き！」と子どもがいうとき、その言葉を裏返せば、そこには「先生
のような大人になりたい」という気持ちがあります。先生は、いつでもその子のなりたい
「大人のモデル」なのです。人として尊敬され、親のように依存されつつ、子どもの豊か
な成長を保障できる保育者を目指して、自身も日々成長していってほしいと願っています。

加藤学園 理事長　加藤裕希先生

 ボランティアで、体温の通った経験を増やしてみよう

　きっと小さいときから保育者にあこがれをもち、学びはじめることになったみなさんですが、職業としての「保育者」に、理想と現実を感じはじめたころかもしれません。「幼稚園のときのやさしかった○○先生みたいになりたい」と期待の中、実習に臨むはずです。しかし、そこには「ありのままの子どもたち」がいます。その姿を受け止め、子どもたちがよりよく生きるための援助をしていくわけですが、ありのままの姿を素直な気持ちで受容できないところに初任者としての試練があります。自分の経験してきた世界からしか理解できない「理解の壁」があるわけです。それは、きっとみなさん自身が、時代の移り変わりの中で多様な人とのかかわりが減ってきてしまっているという背景もあります。

　さまざまな園で、実習生以外にも「ボランティア」を年間を通して受け入れているところがあります。私の園は気軽に参加できるのか、過去多くの学生が参加し、体験を通して園や子どもたちの姿を知り、働くイメージを強くして、就職に期待をもってくれた学生が多いと感じています。

　「人はひとによって人間になる」みなさんも、ボランティアの経験を通して、体温の通った経験を増やすことで、魅力的な保育者になることでしょう。一歩自分の世界から踏み出してみてください。そこには、自分も知らないわくわくするリアルワールドが広がります。

おわりに

　本書出版にあたりまして、さまざまなご支援をいただきましたみなさまに感謝を申し上げます。

　さて、将来、保育者や教育者を目指される学生のみなさん、本書はいかがでしたでしょうか。なりたい職業に就く、おおまかな見通しをほんの少しでももつことができたのではないでしょうか。

　本書は、保育士資格、幼稚園教諭免許状取得を目指す学生のみなさんが、将来の「なりたい自分」を実現するために、いわゆる保育の基礎から学べるよう、なるべく、専門用語を使用しないよう、また、保育者になりたいという自覚と覚悟をしっかりともち、自分をさらけ出すことができる保育者像がもてるよう、具体的な事例を通して実際の現場を知っていただけるように工夫しました。

　私自身、青年教師だったころ、次のような思い出があります。新規採用のころの話です。当時、自分なりに毎日一生懸命に子どもに向き合い、また、保護者の言葉にも耳を傾け、教材づくりや指導案作成など毎日頑張っていたつもりでした。ある日、ベテランの男性の先生から、「先生、今の先生のままでは使えない。先生の代わりは、いくらでもいるからね」と思いがけない言葉をかけられました。私は、その一瞬、返す言葉すら見つけることもできず、ただ、茫然と立ち尽くしてしまいました。自分なりには頑張っていたつもりだったので、正直、落ち込みました。三日三晩、考え抜きました。「自分は教員として向いていないのではないか」「自分がいたら、子どもに迷惑がかかるのではないか」と悩んだのです。

　そんなある日のこと、家庭訪問のために子どもの家に伺いました。すると、子どもは恥ずかしがって、押し入れの中に隠れてしまいました。お母さんに「お家ではどうですか？」と伺うと、お母さんは「毎日、元気に帰ってきます。毎日が楽しいようです。毎日、押し入れの中で、先生に教えていただいていることを、一人で唱えています」私の頬に涙が流れました。「感謝されることは全くしていない。あのときに伝えていたことは、ただ苦しまぎれに体裁を整えただけの時間だったのに」と、子どもに対する申し訳ないという後悔の気持ちでいっぱいになりました。「こんな自分を心から慕ってくれる

子どもがいる。自分は一体何をしていたのだろう」と強く思ったのでした。

　その日からは、「よし。やるだけやって駄目ならそのときに判断をしよう」という妙にポジティブな気構えと、「自分をしっかり出せるためのオリジナルをもとう」と専門性を高めました。対人援助のお仕事は、「知識」と「実践」の両輪です。しかし、忘れてはいけないのは、保育・教育の主人公は、まさに子どもたちなのです。子どもを愛おしく思う気持ち、一人ひとりの発達や障害特性等に寄り添う気持ち、子どもとともに響き合い、共感的理解ができる気持ち、そして、自分だったら、この分野は誰にも負けないという強い気持ちが必要です。月日が流れ、ベテランの先生の退職の日。「先生のクラスの子どもたちは本当に輝いているなぁ。素晴らしいよ」という最高にうれしい言葉をいただきました。そのとき、私は「くじけず、途中で投げ出さず、最後まで頑張り抜いてよかった」と思いました。

　現場を離れ、教育機関に勤務する今でも、あのベテランの先生の言葉がなかったら、今の自分は確実にないと思います。保育、教育って本当に素晴らしい職業だと思います。みなさん、私たちと一緒に頑張りましょう。

　最後になりましたが、わかば社をはじめとした編集担当のみなさまのご厚情、ご尽力に謝意を表し、御礼とさせていただきます。本書が良書として学生のみなさまの心の糧となりますよう、祈念致します。

　2020 年 10 月

編者を代表して　松村 齋

引用・参考文献

※ 引用文献は各章ごとに、数字は本文対応の引用・参考箇所。
※ 参考文献は引用文献のあとに、著者名五十音順に掲載。

（1章）
- ・大場幸夫企画、阿部和子・梅田優子・久富陽子・前原寛『保育者論』萌文書林、2012
- ・北野幸子・山下文一・柿沼芳枝編『乳幼児教育・保育シリーズ 保育者論—子どもの未来を拓く保育者の役割—』光生館、2019
- ・汐見稔幸・大豆生田啓友監修、大豆生田啓友・秋田喜代美・汐見稔幸編『アクティベート保育学2 保育者論』ミネルヴァ書房、2019

（2章）
1) 厚生労働省「第1回保育士養成課程等検討会・参考資料1」2015
2) 文部科学省ホームページ「教員免許更新制の概要」
3) 文部科学省「認定こども園法改正に伴う幼稚園教諭免許状授与の所要資格の特例について（概要資料）」2019
4) 新村出編『広辞苑 第7版』岩波書店、2018
5) 内閣府・文部科学省・厚生労働省『幼保連携型認定こども園教育・保育要領解説』フレーベル館、2018
- ・神長美津子・湯川秀樹・鈴木みゆき・山下文一編『専門職としての保育者』光生館、2016
- ・公益財団法人児童育成協会監修、矢藤誠慈郎・天野珠路編『新基本保育シリーズ⑦ 保育者論』中央法規出版、2019

（3章）
1) 倉橋惣三・新庄よし子『日本幼稚園史』（復刻版）臨川書店、1983
2) 大隈重信撰『開国五十年史 上巻』開国五十年史発行所、1907、pp.733-734
3) 前掲1）
4) 内閣印刷局『官報』第4796号、1899年6月28日
5) 中村五六・和田実『幼児教育法』フレーベル会、1908
6) 前掲5）p.57
7) 内閣印刷局『官報』第4096号、1926年4月22日
8) 前掲5）p.46
9) 倉橋惣三「幼稚園保姆」『幼稚園雑草』内田老鶴圃、1926、pp.291-300
10) 乙訓稔『西洋近代幼児教育思想史—コメニウスからフレーベル』東信堂、2005、p.77
11) M.リートケ（長尾十三二・福田弘訳）『ペスタロッチ』理想社、1985、p.263
12) 藤井千春編『西洋教育思想』ミネルヴァ書房、2016、p.87
13) マルギッタ・ロックシュタイン（小笠原道雄監訳・木内陽一・松村納央子訳）『遊びが子どもを育てる フレーベルの〈幼稚園〉と〈教育遊具〉』福村出版、2014、p.33
14) 関信三編『幼稚園法二十遊嬉』青山堂、1879、p.3
15) エーエルハウ『保育学初歩』福音社、1893、pp.1-3
16) 野口幽香「幼稚園の卒業式」『婦人と子ども 第十六巻第四号』フレーベル会、1916、pp.152-153
17) 倉橋惣三「子供讃歌（九）」日本幼稚園協会編『幼児の教育 第四十九巻第六号』日本幼稚園協会、1950、pp.28-35
18) 倉橋惣三『幼稚園保育法真諦』東洋図書、1934、p.55
19) 前掲18）p.94
20) 内閣印刷局『官報』第4096号、1926、pp.559-560
21) 健民局「戦時託児所の話」東京市編『市政週報第204号』東京市役所、1943、p.44
22) 厚生労働省『保育所保育指針解説』フレーベル館、2018、p.5
- ・青木久子・磯部裕子編『幼児教育 知の探究3 幼年教育者の問い』萌文書林、2007
- ・エレン・ケイ（小野寺信・小野寺百合子訳）『児童の世紀』冨山房、1979
- ・小笠原道雄「明治期(1868-1912)日本におけるフレーベル主義幼稚園受容の特徴—フレーベル主義幼稚園導入の先駆者を中心として—」『広島文化学園大学学芸学部紀要』第7巻、2017、pp.1-10
- ・乙訓稔『西洋近代幼児教育思想史—コメニウスからフレーベル』東信堂、2005
- ・乙訓稔『西洋現代幼児教育思想史—デューイからコルチャック』東信堂、2009
- ・国史大辞典編集委員会編『国史大辞典』吉川弘文館、1979-1997
- ・宍戸健夫・阿部真美子『戦後保育50年史 第1巻 保育思想の潮流』日本図書センター、2014
- ・柴崎正行編『改訂版 保育原理の基礎と演習』わかば社、2019、pp.38-40
- ・戸江茂博監修、田中卓也・松村齋・小島千恵子

編『幼児教育方法論』学文社、2019
・日本近代教育史事典編集委員会編『日本近代教育史事典』平凡社、1971
・日本ペスタロッチー・フレーベル学会編『増補改訂版 ペスタロッチー・フレーベル事典』玉川大学出版部、2006
・藤井千春編『西洋教育思想』ミネルヴァ書房、2016
・二葉保育園ホームページ「120年のあゆみ」
・眞壁宏幹編『西洋教育思想史』慶應義塾大学出版会、2016
・森上史朗「解説『子供讃歌』は優れた保育のテキスト」津守真・森上史朗編『倉橋惣三文庫② 子供讃歌』フレーベル館、2008、pp.219-234
・湯川嘉津美『日本幼稚園成立史の研究』風間書房、2001

（4章）
・阿部和子・前原寛・久富陽子『新保育内容総論』萌文書林、2016
・大豆生田啓友・渡辺英則・柴崎正行・増田まゆみ編『第2版 保育内容総論』ミネルヴァ書房、2016
・汐見稔幸・大豆生田啓友監修、大豆生田啓友・秋田喜代美・汐見稔幸編『アクティベート保育学2 保育者論』ミネルヴァ書房、2019
・那須川知子監修、田中卓也・松村齋・小島千恵子・岡野聡子・中澤幸子編『保育者になる人のための実習ガイドブックA to Z』萌文書林、2020

（5章）
1）文部科学省『幼稚園教育要領解説』フレーベル館、2018、p.39
2）文部科学省「幼稚園教員の資質向上について―自ら学ぶ幼稚園教員のために」2002
3）野村克也『生き残る技術』竹書房、2020
4）矢藤誠慈郎『保育の質を高めるチームづくり―園と保育者の成長を支える』わかば社、2017、pp.22-23
5）文部科学省、教育課程部会 幼児教育部会（第9回）配付資料「資料1 幼児教育部会とりまとめ（案）」2016
・秋田喜代美他編『今にいきる保育者論 第3版』みらい、2016、pp.62-67、pp.140-142
・池田隆英・楠本恭之・中原朋生編『なぜからはじめる教育原理』建帛社、2015
・小島千恵子「子どもが主体的に学ぶためのカリキュラム・マネジメント―3歳未満児の保育から3歳以上児の保育への連続性（指針の

改定をふまえて）」『名古屋短期大学紀要』第56号、2018、pp.20-21
・白川静『常用字解』平凡社、2003
・高橋さおり・清水桂子「カリキュラム・マネジメントの能力を育む保育者養成の課題」『北翔大学短期大学部研究紀要』第56号、2018、pp.58-62
・田中卓也監修、松村齋・小島千恵子・志濃原亜美編『保育者・小学校教師のための道しるべ』学文社、2017
・田中正浩編『保育の質を高める保育原理』大学図書出版、2016、2017
・戸江茂博監修、田中卓也・古川治・松村齋・川島民子編『保育者・小学校教諭・特別支援学校教諭のための教職論』北大路書房、2016
・豊田和子編『実践を創造する保育原理』みらい、2014

（6章）
・石井哲夫他編『保育所保育指針解説〈平成11年改訂〉』フレーベル館、2000
・厚生労働省「平成22年 乳幼児身体発育調査」2011
・厚生労働省『保育所保育指針解説書』フレーベル館、2008
・厚生労働省『保育所保育指針解説』フレーベル館、2018
・榊原洋一監修、小林美由紀『これならわかる！子どもの保健演習ノート改訂第3版追補』診断と治療社、2019
・独立行政法人 国立特別支援教育総合研究所ホームページ（教育相談情報提供システム）
・日本幼児体育学会編『幼児体育第6版』大学教育出版、2019

（7章）
1）中央児童福祉審議会保育制度特別部会「保育問題をこう考える―中間報告―」厚生省、1963
2）厚生労働省「保育園と幼稚園の年齢別利用者数及び割合」国家戦略特区ワーキンググループヒアリング提出資料3、2016
3）高岡純子・田村徳子・荒牧美佐子「第5回幼児の生活アンケートレポート[2016年]」ベネッセ教育総合研究所、2016、pp.29-30
4）宍戸健夫・秋野勝紀・大畑佳司・西健・本荘正美『人間らしさを育てる集団づくり』ささら書房、1986、p.4
・明神もと子編『はじめて学ぶヴィゴツキー心理学―その生き方と子ども研究―』新読書社、2003

（8章）

1）ホイジンガ（高橋英夫訳）『ホモ・ルーデンス』中央公論新社、2019、p.81

2）厚生労働省『保育所保育指針解説』フレーベル館、2018、p.23

3）由田新「第3章 環境を通して行う保育」師岡章編『保育指導法 幼児のための保育・教育の方法』同文書院、2007、p.43

4）高山静子『環境構成の理論と実践 保育の専門性に基づいて』エイデル研究所、2014、p.32

5）前掲4）p.26

・柴崎正行編『改訂版 保育原理の基礎と演習』わかば社、2019

・無藤隆『3法令 おたすけガイド』ひかりのくに、2018

（9章）

1）吉富功修・三村真弓編『改訂 幼児の音楽教育法 美しい歌声をめざして』ふくろう出版、2011、p.4

2）内田伸子・津金美智子他「乳幼児の論理的思考の発達に関する研究：自発的活動としての遊びを通して論理的思考力が育まれる」『保育科学研究』第5巻、2014、pp.131-139

・安氏洋子「ピアノ指導法～移調奏技能指導法の実践研究～」第62回日本保育学会口頭発表、2009

（10章）

1）文部科学省『幼稚園教育要領解説』フレーベル館、2018、p.139

2）今井和子編『未来につなぐ希望の架け橋 0・1・2歳児の世界 保育のいとなみその5 家庭との連携と子育ての支援』トロル、2018、p.1

3）大豆生田啓友『支え合い、育ち合いの子育て支援』関東学院大学出版会、2006、p.83

4）前掲2）p.2

5）厚生労働省『保育所保育指針解説』フレーベル館、2018、p.330

・松村齋『子どもと保護者のココロに寄り添う！エピソードで学ぶ特別支援教育A to Z（幼児編）』明治図書出版、2014

・松村齋『子どもと保護者のココロに寄り添う！エピソードで学ぶ特別支援教育A to Z（小学校／特別支援学級編）』明治図書出版、2014

（11章）

・五十嵐淳子編『海外研修ハンドブック』大学図書出版、2020

・五十嵐淳子編『子どもと一緒に楽しむ英語』大学図書出版、2015

・五十嵐淳子編『多文化理解・国際理解への学び 多様性の尊重を目指して』大学図書出版、2019

・長沼豊編『実践に役立つ教職概論 教職Before & After』大学図書出版 、2019

（12章）

1）厚生労働省「子ども虐待防止の手引き」2013

2）文部科学省「学校・教育委員会等向け虐待対応の手引き」2019

3）文部科学省「社会に開かれた教育課程」2017

（13章）

1）厚生労働省『保育所保育指針解説』フレーベル館、2018、p.17

2）文部科学省「幼稚園教員の資質向上について―自ら学ぶ幼稚園教員のために―」2002

3）中央教育審議会「今後の学校におけるキャリア教育・職業教育の在り方について（答申）」2011、p.16

4）浅野良一「自治体におけるこれからの人材育成 ～人材育成型人事管理・職場マネジメント・職員研修～」公益財団法人全国市町村研修財団・市町村職員中央研修所（市町村アカデミー）平成28年夏号（第118号7月1日発行）、2016、pp.30-35

（14章）

1）無藤隆編『育てたい子どもの姿とこれからの保育』ぎょうせい、2018、p.11

2）高杉自子、子どもと保育総合研究所編『子どもとともにある保育の原点』ミネルヴァ書房、2006

3）倉橋惣三『育ての心（上）』フレーベル館、2008、p.3

4）前掲3）p.34

・岩立京子・河邉貴子・中野圭祐監修『遊びの中で試行錯誤する子どもと保育者―子どもの「考える力」を育む保育実践―』明石書店、2019

・大場幸夫企画、阿部和子・梅田優子・久富陽子・前原寛『保育者論』萌文書林、2012

・倉橋惣三『倉橋惣三文庫』（全10巻）、フレーベル館、2008

・汐見稔幸・大豆生田啓友監修、大豆生田啓友・秋田喜代美・汐見稔幸編『アクティベート保育学2 保育者論』ミネルヴァ書房、2019

・ドナルド・ショーン（佐藤学・秋田喜代美訳）『専門家の知恵―反省的実践家は行為しながら考える』ゆみる出版、2001

編者・著者紹介

※ 著者執筆順。執筆担当箇所、所属。

編者 田中 卓也 （たなか たくや）5 章、9 章 §1

静岡産業大学 経営学部 教授
主な著書：『保育者・小学校教師のための道しるべ』（監修・共著、学文社、2017）、『幼児教育方法論』（共編著、学文社、2019）、『保育者になる人のための実習ガイドブック A to Z』（共編著、萌文書林、2020）

編者 松村 齋 （まつむら ひとし）10 章 §1、2

大垣女子短期大学 幼児教育学科 教授
主な著書：『子どもと保護者のココロに寄り添う！ エピソードで学ぶ特別支援教育 A to Z（幼児編）』（単著、明治図書出版、2014）、『子どもと保護者のココロに寄り添う！ エピソードで学ぶ特別支援教育 A to Z（小学校／特別支援学級編)』（単著、明治図書出版、2014）

編者 小島 千恵子 （こじま ちえこ）14 章

名古屋短期大学 保育科 教授
主な著書：『保育者になる人のための実習ガイドブック A to Z』（共編著、萌文書林、2020）、『乳児保育の基礎と実践』（共著、大学図書出版、2020）、『保育カリキュラム論―計画と評価―第 2 版』（共著、建帛社、2019）

小川 知晶 （おがわ ちあき）巻頭・巻末ポートフォリオ

川崎医療福祉大学 医療福祉学部 医療福祉学科 講師

日隈 美代子 （ひぐま みよこ）1 章

静岡産業大学 経営学部 助教

中塚 健一 （なかつか けんいち）2 章 §1、2

小田原短期大学 保育学科 通信教育課程 講師

加藤 緑 （かとう みどり）2 章 §3、4

清和大学短期大学部 こども学科 講師

小宮山 道夫 （こみやま みちお）3 章 §1

広島大学 森戸国際高等教育学院 准教授

鈴木 和正 （すずき かずまさ）3 章 §2

常葉大学 教育学部 初等教育課程 准教授

烏田 直哉 （からすだ なおや）3 章 §3

東海学園大学 教育学部 教育学科 教授

関 容子 （せき ようこ）4 章

東京福祉大学 保育児童学部 講師

志濃原 亜美 （しのはら あみ）6 章

秋草学園短期大学 幼児教育学科 教授

中澤 幸子（なかざわ さちこ）7章
　　名寄市立大学 保健福祉学部 社会福祉学科 准教授

北澤 明子（きたざわ あきこ）8章
　　秋草学園短期大学 幼児教育学科 講師

安氏 洋子（やすうじ ようこ）9章 §2
　　長野県立大学 健康発達学部 こども学科 准教授

佐藤 寛子（さとう ひろこ）9章 §3
　　静岡産業大学 経営学部 講師

西田 明史（にしだ あきひと）9章 §4
　　西九州大学 健康福祉学部 スポーツ健康福祉学科 准教授

垣添 忠厚（かきぞえ ただひろ）10章 §3
　　大垣女子短期大学 幼児教育学科 准教授

大橋 淳子（おおはし じゅんこ）10章 §4
　　大垣女子短期大学 幼児教育学科 准教授

五十嵐 淳子（いがらし じゅんこ）11章
　　東京家政大学 子ども学部 子ども支援学科 准教授

坪井 瞳（つぼい ひとみ）12章
　　東京成徳大学 子ども学部 子ども学科 准教授

岡野 聡子（おかの さとこ）13章
　　奈良学園大学 人間教育学部 人間教育学科 准教授

加藤 英夫（かとう ひでお）先生からみなさんへの心温まるエール
　　学校法人加藤学園 野田北部幼稚園 園長

橋爪 けい子（はしづめ けいこ）先生からみなさんへの心温まるエール
　　社会福祉法人住吉会 上池さくらこども園 副園長

酒井 範子（さかい のりこ）先生からみなさんへの心温まるエール
　　静岡産業大学 経営学部 特任講師

加藤 裕希（かとう ゆうき）先生からみなさんへの心温まるエール
　　学校法人加藤学園 理事長

＜協力＞　社会福祉法人 愛光会 上野愛光第二保育園
（五十音順）　社会福祉法人 上毛愛隣社 児童養護施設 地行園
　　　　　社会福祉法人 城和会 城山保育園
　　　　　社会福祉法人 太陽福祉会 おひさま飯塚保育園
　　　　　社会福祉法人 太陽福祉会 玉村おひさま保育園
　　　　　染め織り工房 絲のうた

● 装丁　タナカアン
● イラスト　山岸 史

子どもとともに
未来をデザインする　保育者論・教育者論

2020 年 10 月 25 日　初版発行

編著者　田 中 卓 也
　　　　松 村　　齋
　　　　小 島 千恵子
発行者　川 口 直 子
発行所　（株）わかば社

〒 173-0004　東京都板橋区板橋 2-46-12
tel(03)6905-6880 fax(03)6905-6812
(URL)https://www.wakabasya.com
(e-mail)info@wakabasya.com
印刷 / 製本　シ ナ ノ 印 刷（株）

ISBN 978-4-907270-32-2　C3037